일본어 독해력 완성 프로그램
다락원 일한 대역문고

초급 4

일본 초등학교
4학년 국어교과서선

日本の小学校 4 年生の国語教科書選

草野心平・立松和平・新美南吉・川村たかし 著 | 이상신・노희진 譯註

다락원

머리말

『다락원 일한 대역문고』 초급 시리즈는 기초가 약한 학습자들이 일본어 명문들을 즐겁고 효과적으로 읽으며 중급 수준으로 독해력을 발전시키는 것을 목표로 만들었습니다.

어느 정도 일본어의 구조를 익히고 난 초보 학습자가 가장 절실히 느끼는 어려움은 아마도 자연스런 일본어 표현능력과 어휘력의 부족일 것입니다. 초급에서 단문(短文)의 기본문형 연습만 하다가 갑자기 복문(複文), 중급 문형, 관용구 등이 속출하는 중급 교재로 건너뛰면서 학습에 흥미를 잃고 마는 것이 지금까지 일반 학습자들이 밟아온 전철이었기 때문입니다.

그런 점에서 현행 일본 초등학교 국어 교과서에 실린 명문을 비롯한 옛날이야기, 만담, 신화 등 다양한 장르의 이야기들로 구성된 『다락원 일한 대역문고』 시리즈는 쉽고 재미있게, 정확하고 자연스러운 일본어 문장을 익히는 데 좋은 길잡이가 되어 줄 것입니다.

『다락원 일한 대역문고』 시리즈는 사전 없이 편리하게 학습할 수 있도록, 어휘 풀이는 물론 주요 문형에 대한 자세한 해설과 예문을 함께 실었습니다. 본문의 대역은 어휘의 정확한 뜻 전달을 위해 의역(意譯)보다는 직역(直譯)에 가깝도록 했고, 원어민의 정확한 발음으로 녹음된 오디오로 듣기 능력 향상까지 함께 기대할 수 있습니다. 『다락원 일한 대역문고』 시리즈로 일본어를 읽고 듣는 재미를 느껴보시기 바랍니다.

여러분의 일본어 학습에 도움이 되기를 바랍니다.

다락원 일한 대역문고 연구회

『다락원 일한 대역문고』 이렇게 보세요

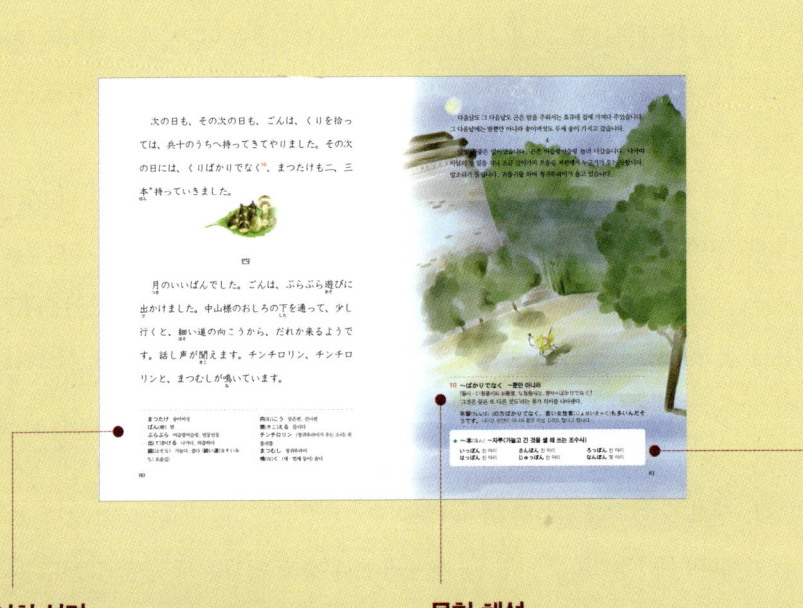

어휘 설명
자세한 해설과 함께, 히라가나로 실린 단어 중 한자를 알아두면 좋은 어휘에는 한자 표기를 병기했습니다.
사진 자료는 어휘 해설에 대한 빠르고 정확한 이해를 도와줍니다.

문형 해설
주요 문형의 뜻풀이와 접속을 예문과 함께 알기 쉽게 정리했습니다.

보충 해설
내용 이해와 문법적인 접속 이해를 도와줍니다.

일러두기

일본어의 한국어 표기는 다음과 같습니다.
장음은 단음으로 표기했습니다. 예) 大阪 — 오사카
발음 표기는 로마자 표기의 발음에 따랐습니다. 예) つかう (tsukau) — 츠카우
촉음은 'ㅅ'으로 표기했습니다.

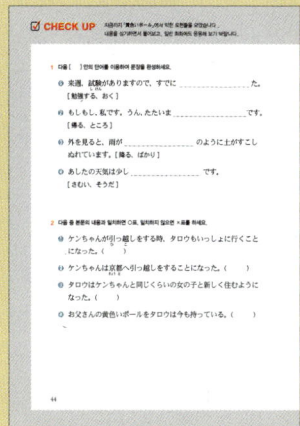

CHECK UP
내용 이해와 더불어 중요 문형에 대한 학습이 깊어집니다.

 MP3 파일
원어민 성우의 정확한 내레이션으로 듣는 즐거움도 쌓으세요.

문형 접속 해설에 쓰인 활용형의 설명은 다음과 같습니다.
ます형(연용형) — ます가 붙기 이전의 형태
ない형 — ない가 붙기 이전의 형태
て형・た형(과거형) — 각각 て・た가 붙은 형태
な형용사な・명사の — な형용사의 어간에 な가 붙은 형태, 명사에 の가 붙은 형태
동사・い형용사・な형용사의 기본형 — 동사・い형용사는 사전에 실려 있는 형태, な형용사는 어간에 だ가 붙은 형태
보통형 — 기본형, 부정형, 과거형, 과거부정형

목차

◉ **TRACK 1** 봄의 노래
春のうた | 草野心平   10
　はる　　　　くさの しんぺい

◉ **TRACK 2** 노란 공
黄色いボール | 立松和平   16
　き　いろ　　　　たてまつ わ へい

◎ **TRACK 3** 아기 여우 곤
ごんぎつね | 新美南吉
にい み なんきち
46

◎ **TRACK 4** 비오는 밤 집보기
雨の夜のるすばん | 川村たかし
あめ　　よる　　　　　　　　　かわむら
100

CHECK UP 해답　　　　　　　　　136

일본초등학교
4학년 국어교과서선

日本の小学校4年生の国語教科書選

春の歌

草野心平

かえるは冬のあいだは土の中にいて

春になると地上に出てきます。

そのはじめての日のうた。

ほっ まぶしいな。

ほっ うれしいな。

みずは つるつる。

かぜは そよそよ。

봄의 노래

쿠사노 신페이

개구리는 겨울 동안은 땅 속에 있다가
봄이 되면 땅 위로 올라옵니다.
그 첫날의 노래.

오호, 눈부셔라.
오호, 기뻐라.

물은 반들반들.
바람은 산들산들.

- 春(はる) 봄
- 歌(うた) 노래
- かえる 개구리
- 冬(ふゆ) 겨울
- ～あいだ(間) ~동안, ~사이
- 土(つち) 흙, 땅
- 地上(ちじょう) 지상
- はじめて(初めて) 최초로, 처음으로, 비로소
- ほっ 아, 앗, 어
- まぶしい 눈부시다
- うれしい 기쁘다
- ～な ~(하)구나 〈감탄·영탄의 종조사〉
- みず(水) 물
- つるつる (표면이 매끈한 모양) 반들반들, 매끈매끈
- かぜ(風) 바람
- そよそよ (바람이 부는 모양) 솔솔, 산들산들, 살랑살랑

ケルルン クック。

ああ いい においだ。

ケルルン クック。

ほっ いぬのふぐりが さいている[1]。

ほっ おおきな くもが うごいてくる[2]。

ケルルン クック。

ケルルン クック。

- ケルルン クック 개구리 우는 소리
- におい (향긋한) 냄새, 향기
- いぬのふぐり 큰개불알풀, 봄까치꽃
- さく(咲く) (꽃이) 피다
- おおきな(大きな) 큰, 커다란
- くも(雲) 구름
- うごく(動く) 움직이다, 이동하다

개골개골 골골.
아~ 좋은 냄새다.
개골개골 골골.

오호, 봄까치꽃이 피었다.
오호, 커다란 구름이 움직인다.

개골개골 골골.
개골개골 골골.

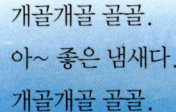

---

1   **～ている**   **～(하)고 있다, ~해 있다**   [자동사 て형+いる]
현재 진행되고 있는 동작이나, 그 동작이 완료되어 그 상태가 계속되고 있음을 나타낸다.

　小(ちい)さな子(こ)が泣(な)いている。 작은 아이가 울고 있다. (진행)
　きれいな花(はな)がさいている。 아름다운 꽃이 피어 있다. (상태)

2   **～てくる**   **~해 오다**   [동사 て형+くる]
조금씩 진행되어 차차 그런 상태가 되어 오기 시작하는 것이나 계속 지속된 일, 또는 위치의 이동을 나타낸다.

　空(そら)が晴(は)れてきた。 하늘이 개기 시작하였다.
　この風習(ふうしゅう)は江戸時代(えどじだい)から行(おこな)われてきた。
　이 풍습은 에도시대부터 행해져 왔다.
　図書館(としょかん)へ行(い)って、本(ほん)を借(か)りてきた。 도서관에 가서 책을 빌려 왔다.

보충학습

동물의 울음소리

❶ 犬 (개) ┃ わんわん 멍멍

❷ ねずみ (쥐) ┃ ちゅうちゅう 찍찍

❸ 雀 (참새) ┃ ちゅうちゅう 짹짹

❹ 猫 (고양이) ┃ にゃあにゃあ 나옹나옹

❺ 雄鶏 (수탉) ┃ コケコッコウ 꼬끼오

❻ 雌鶏 (암탉) ┃ こっこっ 꼬꼬댁

❼ 虎 (호랑이) ┃ うおお、わあう 어흥 어흥

❽ 獅子 (사자) ┃ うおおっと、うおっと 크앙

❾ 豚 (돼지) ┃ ぶうぶう 꿀꿀

 **CHECK UP** 지금까지 「春の歌」에서 익힌 표현들을 모았습니다.
내용을 상기하면서 풀어보고, 일반 회화에도 응용해 보기 바랍니다.

1 다음을 「～ている」 형태로 바꾸고 해석해 보세요.

① 人が笑う
→ _____

② 戦争が起こる [戦争 전쟁 起こる 일어나다]
→ _____

③ 人が集まる
→ _____

④ お湯がわく
→ _____

2 다음 문장을 잘 읽고 우리말로 옮겨 보세요.

① おおきな雲が動いてくる。
→ _____

② この作品は100年以上人々に読まれてきた。
→ _____

③ 春になると、山の雪もとけてくる。 [とける 녹다]
→ _____

④ 最近、子どもの人口はだんだん減ってくる。 [減る 줄다]
→ _____

黄色いボール

立松和平
たてまつ わ へい

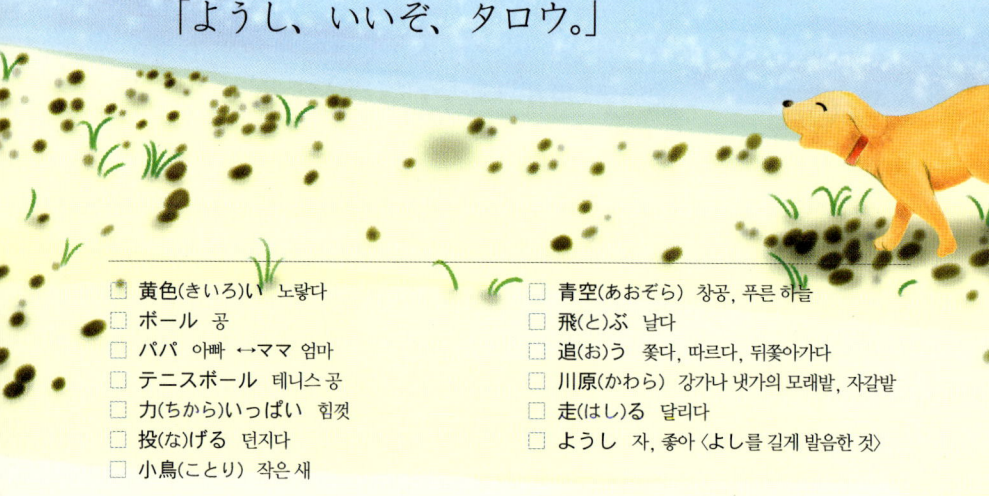

パパは、黄色いテニスボールを力いっぱい投げた。小鳥のように¹青空を飛ぶボールを追って、ぼくは川原を走った。

「ようし、いいぞ、タロウ。」

- ☐ 黄色(きいろ)い 노랗다
- ☐ ボール 공
- ☐ パパ 아빠 ↔ ママ 엄마
- ☐ テニスボール 테니스 공
- ☐ 力(ちから)いっぱい 힘껏
- ☐ 投(な)げる 던지다
- ☐ 小鳥(ことり) 작은 새
- ☐ 青空(あおぞら) 창공, 푸른 하늘
- ☐ 飛(と)ぶ 날다
- ☐ 追(お)う 쫓다, 따르다, 뒤쫓아가다
- ☐ 川原(かわら) 강가나 냇가의 모래밭, 자갈밭
- ☐ 走(はし)る 달리다
- ☐ ようし 자, 좋아〈よし를 길게 발음한 것〉

노란 공

타테마츠 와헤이

아빠는 노란 테니스 공을 힘껏 던졌다. 작은 새처럼 파란 하늘을 나는 공을 쫓아 나는 강변 모래밭을 달렸다.
　"좋~아, 잘했어, 타로."

1 ～ように　～듯이, ～처럼, ～같이
　[동사·い형용사 기본형, な형용사な, 명사の＋ように]
　추량・비교・비유・예시를 나타낸다.

　いつものように小説(しょうせつ)を読んでいる時でした。
　언제나처럼 소설을 읽고 있을 때였습니다.

ボールをくわえてもどっていくと、ぼくはのどをなでられ*、黄色いボールをパパの手の上に落とした。

川原にはケンちゃんとパパとぼくのほかには、だれもいない。ケンちゃんは、すぐそばのパパに向かって、大声を出した。

「どうしてタロウを連れていけない²の。」

「東京へ転きんになったって言ったろう。マンションでは動物を飼ってはいけないんだ。」

パパは、ケンちゃんの頭をなでて言った。ぼくはケンちゃんの手をなめた。

- □ くわえる （입에）물다
- □ もどる(戻る) 되돌아가(오)다
- □ のど(喉) 목
- □ なでる 쓰다듬다, 어루만져 주다
- □ 落(お)とす 떨어뜨리다
- □ ～ちゃん ～さん보다 친밀감을 나타내는 호칭
- □ ～ほかには ～이외에는, ～말고는
- □ すぐそば 바로 옆
- □ 向(む)かう 향하다
- □ 大声(おおごえ)を出(だ)す 큰소리를 내다
- □ 連(つ)れる 데리고 가(오)다, 동반하다
- □ ～の ～(하)니? 〈의문을 나타내는 종조사〉
- □ 東京(とうきょう) 토쿄(일본의 수도)
- □ 転(てん)きん(転勤) 전근
- □ ～って ～(이)라고 〈인용의 격조사〉
- □ マンション 아파트
- □ 動物(どうぶつ) 동물
- □ 飼(か)う 기르다, 사육하다
- □ 頭(あたま) 머리
- □ なめる 핥다

공을 물고 돌아가자, (아빠는) 내 목을 쓰다듬어 주었고, 노란 공을 아빠의 손 위에 떨어뜨렸다.

강변 모래밭에는 켄짱과 아빠와 나 말고는 아무도 없다. 켄짱은 바로 옆의 아빠를 향해 큰소리로 말했다.

"왜 타로를 데려가면 안 되는 거야?"

"토쿄로 전근되었다고 말했잖아. 아파트에서는 동물을 길러서는 안 돼."

아빠는 켄짱의 머리를 쓰다듬으며 말했다. 나는 켄짱의 손을 핥았다.

2 ~てはいけない   ~해서는 안 된다 [동사 て형+はいけない]

금지나 규제를 강하게 나타내는 표현이다. 회화에서는 ~ては를 ~ちゃ라고도 한다.

ここでたばこを吸(す)ってはいけません。 여기서 담배를 피워서는 안 됩니다.

> **★ 동사의 수동형 만들기**
> ~(ら)れる는 수동의 뜻 이외에 가능, 존경, 자발의 뜻도 나타낸다.
>
> | 1그룹 동사 | 어미를 ア단으로 바꾼 다음 れる를 붙인다.
書く→書かれる   読む→読まれる |
> |---|---|
> | 2그룹 동사 | 어미 る를 られる로 바꾼다.
見る→見られる   食べる→食べられる |
> | 불규칙 동사 | する→される   来る→来(こ)られる |

「だってタロウは家族だよ。」

こういうケンちゃんの目が、なみだでもり上がっていた。

「よし、タロウ、行け。」

パパは、大きくうでをふり、黄色いボールを投げた。ぼくは、ボールに向かってはずむように走っていく。

ボールは水に落ち、流れていった。まよわず、ぼくは川に飛びこんだ。水はもつれ合い、ゴーゴーとうなり声を立てる。黄色いボールは水にもぐっては、またうかんでくる。

"하지만, 타로는 가족이잖아."
이렇게 말하는 켄짱의 눈이 눈물로 불거져 있었다.
"자, 타로! 가!"
아빠는 크게 팔을 휘둘러 노란 공을 던졌다. 나는 공을 향해 튀어 오르듯이 달려간다.
공은 물에 떨어져 떠내려갔다. 망설이지 않고 나는 강으로 뛰어 들어갔다. 물은 서로 얽히어 콸콸 소리를 낸다. 노란 공은 물에 잠겼다가는 다시 떠오른다.

- だって 하지만, 그렇지만
- 家族(かぞく) 가족
- なみだ(涙) 눈물
- もり上(あ)がる 부풀어 오르다, 불거져 나오다
- うで(腕) 팔
- ふる 흔들다, 휘두르다
- はずむ 튀어 오르다
- 落(お)ちる 떨어지다
- 流(なが)れる 흘러가다, 흐르다
- まよう 망설이다
- ～ず (동사 ない형에 접속하여) ~(하)지 않고
- 飛(と)びこむ 뛰어 들다
- もつれ合(あ)う 서로 얽히다
- ゴーゴー 콸콸
- うなり声(ごえ) 신음 소리, 윙윙거리는 소리
- 声(こえ)を立(た)てる 소리를 내다
- もぐる 물속에 잠겨 들다, 잠수하다
- うかぶ(浮かぶ) 떠오르다

ぼくは少し水を飲んだ。何があってもぼくは泳いでいき、ついにボールをくわえることができた[3]。それからまた少し流された。

　川原の焼けた石の上に立ち、ぼくは、ぶるっと体をふるわせて水を飛ばした。ぼくは、勇気をほめてもらえるはずだった[4]。

- 何(なに)があっても　무슨 일이 있어도, 늘, 언제나, 항상
- 泳(およ)ぐ　헤엄치다
- ついに　마침내, 드디어, 결국
- 流(なが)す　흘리다, 떠내려 보내다
- 焼(や)ける　불타다, 구워지다, 그을리다, 달궈지다
- 石(いし)　돌
- ぶるっと　부르르
- ふるわせる　떨게 하다
- 飛(と)ばす　날리다, 튀기다
- 勇気(ゆうき)　용기
- ほめる　칭찬하다
- ～てもらう　(남에게) ~해 달라고 하다

나는 물을 조금 먹었다. 늘 그랬던 것처럼 나는 헤엄쳐 가서 마침내 공을 물 수 있었다. 그리고는 또 조금 떠내려갔다.

강가 자갈밭의 햇볕에 달궈진 돌 위에 서서 나는 부르르 몸을 흔들어 물을 털어냈다. 나는 당연히 용기를 칭찬받을 터였다.

3 　～ことができる 　～할 수 있다 [동사 기본형+ことができる]
　　동사의 기본형에 접속하여 가능을 나타내는 표현이다.

　　ペットを飼(か)うことができます。 애완동물을 기를 수 있습니다.

4 　～はずだ 　～일 것이다 [동사・い형용사의 보통형, な형용사, 명사の+はずだ]
　　당연히 그렇게 되어야 한다는 확신에 찬 단정을 나타낸다.

　　そのぐらいは子供でも知っているはずだ。 그 정도는 어린아이도 알고 있을 것이다.

元の場所にもどっていったが、ケンちゃんとパパのすがたがない。どこかにかくれて、ぼくをおどろかせ*ようとしている⁵のだ。ボールをくわえたまま⁶、ぼくは走り回った。乗ってきた車もなくなっていた。

雲が流れていた。空も大地も、どうしてこんなに広いのだろう。ぼくは、行き先も分からず歩き回った。行っても行っても、同じような畑があり、同じような家があった。知らない家に近づいていくと、飼われている犬にほえられた。

- 元(もと) 원래
- 場所(ばしょ) 장소
- すがた(姿) 모습
- どこかに 어딘가에
- かくれる 숨다
- おどろかせる 깜짝 놀라게 하다〈おどろく의 사역형〉
- ～のだ ～(하)는 것이다
- 走(はし)り回(まわ)る 뛰어 돌아다니다, 여기저기 뛰어다니다
- 乗(の)る 타다
- なくなる 없어지다
- 大地(だいち) 대지
- ～だろう ～(하)겠지, ～일 것이다
- 行(ゆ)き先(さき) 행선지, 목적지
- 歩(ある)き回(まわ)る 여기저기 돌아다니다
- ～ても ～해도, ～하더라도
- 同(おな)じだ 같다
- 畑(はたけ) 밭
- 近(ちか)づく 가까이 가다, 접근하다
- 飼(か)う 기르다, 사육하다
- ほえる(吠える) 짖다

원래 있던 곳으로 되돌아갔지만, 켄짱과 아빠의 모습이 없었다. 어딘가에 숨어서 나를 놀라게 하려고 하는 거다. 공을 입에 문 채 나는 여기저기 뛰어 돌아다녔다. 타고 왔던 차도 없어졌다.

구름이 흘러가고 있었다. 하늘도 땅도 왜 이렇게 넓은 것일까? 나는 갈 곳도 모른 채 여기저기 걸어 돌아다녔다. 가도 가도 똑같은 밭이 있고 똑같은 집이 있었다. 모르는 집에 가까이 가자 기르는 개가 나를 향해 짖었다.

---

5 **〜(よ)うとする 〜하려고 하다** [동사 의지형+とする]
말하는 사람의 의지나 일이 이루어지기 직전의 상태를 나타낸다.

ビルが倒(たお)れようとしている。 건물이 무너지려 한다.

6 **〜まま 〜(한) 채, 〜(그)대로**
[동사 た형, い형용사 기본형, な형용사な, 명사の+まま]
어떤 상태나 상황이 변하지 않고 현재까지 계속 지속됨을 나타낸다. 또, 변화 없이 그 상태 그대로 두는 것을 나타낸다.

出(で)かけたまま戻(もど)ってこない。 외출한 채 돌아오지 않는다.

> ★ **동사 사역형 만들기**
>
> | | | |
> |---|---|---|
> | 1그룹 동사 | 어미를 ア단으로 바꾸고 せる를 붙인다. | |
> | | 書く→書かせる | 読む→読ませる |
> | 2그룹 동사 | 어미 る를 させる로 바꾼다. | |
> | | 見る→見させる | 食べる→食べさせる |
> | 불규칙 동사 | する→させる | 来る→来(こ)させる |

ぼくがほえ返さなかったのは、黄色いボールをくわえていたからだ。このボールは必ずパパにもどさなければならない[7]。

ケンちゃんにた子どもがいたので近よっていくと、その子は泣きだした。そばにいたお母さんも悲鳴をあげた。悲しくなって、ぼくは、子どもとお母さんを見ていた。

かけつけてきた三人の男が石を投げてきた。その一つが、ぼくのせなかに当たった。悲鳴をあげるのは、今度はぼくの番だった。

- ほえ返(かえ)す (상대방에게) 맞받아 짖다
- 必(かなら)ず 반드시, 필시
- もどす(戻す) 돌려주다, 되돌리다
- ～ににる(似る) ～을(를) 닮다
- 近(ちか)よる 가까이 가다, 다가가다, 접근하다
- 泣(な)きだす 울기 시작하다
- 悲鳴(ひめい)をあげる 비명을 지르다
- 悲(かな)しい 슬프다
- かけつける 부랴부랴 급히 가다, 급히 오다
- 投(な)げる 던지다
- せなか(背中) 등
- 当(あ)たる 맞다, 부딪히다, 닿다, 받다
- 今度(こんど) 이번, 이번에
- 番(ばん) 차례, 순서

내가 맞받아 짖지 않았던 것은 노란 공을 입에 물고 있었기 때문이다. 이 공은 꼭 아빠에게 돌려주지 않으면 안 된다.

켄짱과 닮은 아이가 있기에 가까이 가자, 그 아이는 울기 시작했다. 곁에 있던 엄마도 비명을 질렀다. 슬퍼져서 나는 아이와 엄마를 보고 있었다.

부랴부랴 달려온 남자 세 명이 돌을 던져 왔다. 그중 하나가 내 등에 맞았다. 비명을 지르는 것은 이번에는 내 차례였다.

7　～なければならない　～하지 않으면 안 된다, ~해야만 한다
　　　[동사 ない형+なければならない]
　　　의무, 필요 등 당연히 해야 할 일을 나타낸다.

　　　会社に戻(もど)らなければならない。 회사에 돌아가야만 한다.

にげるとき、ぼくはもう少しで黄色いボールを落としてしまうところだった[8]。

家のような見上げるばかりの車が、風を作って後から後からやってきた。車を運転する人は、道路にいるぼくを見ようともしないので、あぶなくて歩けなかった。街はおそろしいものだらけ*だった。

- にげる 도망가다, 달아나다
- 〜ばかりた 〜할 뿐이다, 〜만하다
- 後(あと)から後(あと)から 뒤따라 계속해서, 연달아, 뒤이어
- 運転(うんてん)する 운전하다
- 道路(どうろ) 도로
- 〜(よ)うともしない 〜하려고도 하지 않다
- あぶない 위험하다
- 街(まち) 거리, 마을
- おそろしい 무섭다, 두렵다

도망갈 때 나는 자칫하면 노란 공을 떨어뜨릴 뻔했다.
집처럼 올려다봐야만 하는 차가 바람을 일으키며 뒤따라서 계속 다가왔다. 차를 운전하는 사람은 차도에 있는 나를 보려고도 하지 않기 때문에 위험해서 걸을 수 없었다. 거리는 온통 두려운 것 투성이였다.

8 ～ところだ 막 ~하려던 참이다, ~할 뻔하다 [동사 기본형+ところだ]
동작이 시작되기 직전을 나타낸다.

もう少しで車にぶつかるところだった。 하마터면 차에 부딪칠 뻔 했다.

tip ～ている+ところだ ～하는 중이다
현재 동작이 진행 중임을 나타낸다.

金さんが訪(おとず)れたとき、私は英語の勉強(べんきょう)をしているところでした。 김 씨가 찾아 왔을 때, 나는 영어 공부를 하던 중이었습니다.

＊ ～だらけ ～투성이
명사 뒤에 붙어 양이 많음을 나타낸다. 화자가 부정적인 의미로 사용하는 경우가 많다.

借金(しゃっきん)だらけの生活(せいかつ)。 빚투성이인 생활.

～まみれ ～투성이
먼지나 흙 등이 잔뜩 붙어 더러워져 있음을 나타낸다. 주로 汗(땀), ほこり(먼지), 血(피), どろ(진흙) 등과 같이 쓰인다.

ほとんど掃除(そうじ)してなかったから部屋はほこりまみれだった。
거의 청소를 안 해서 방은 먼지투성이였다.

夜になってもねむる気にはなれず、足の向くまま歩き回った。人の気配がなくなると、夜の底からあらわれたとでもいうように、あちらこちらに犬のすがたが見えた。首輪をつけている[9]犬も、そうでない犬も、新しくやってきたぼくに、おそろしい勢いでほえかかってきた。

　ぼくはにげ回り、暗い雑木林に入った。木と木の間に、犬の黄色い目が光っていた。ぼくはまたにげた。

- ねむる気(き)　잠잘 생각
- 向(む)く　향하다
- ～まま　～(하는) 대로
- 気配(けはい)　기척, 기미, 기색
- 底(そこ)　바닥, 밑바닥, 끝
- あらわれる(現れる)　나타나다
- ～とでもいうように　～라는 듯이
- あちらこちら　여기저기
- 首輪(くびわ)をつける　목걸이를 하다
- そうでない　그렇지 않다
- 勢(いきお)い　기세, 힘, 활기
- ほえかかる　짖어 오다, 짖어 덤비다
- にげ回(まわ)る　요리조리 피하다
- 暗(くら)い　어둡다
- 雑木林(ぞうきばやし)　잡목림
- 光(ひか)る　반짝이다, 빛나다

밤이 되어도 잠잘 기분이 나지 않아, 발길 닿는 대로 걸어 다녔다. 사람의 인기척이 없어지자, 밤의 밑바닥에서 나타났다는 듯이 여기저기서 개의 모습이 보였다. 개 목걸이를 하고 있는 개도, 그렇지 않은 개도 새로 온 나에게 무서운 기세로 짖으며 덤벼들었다.

나는 요리조리 피해 어두운 잡목림으로 들어갔다. 나무와 나무 사이에 개의 노란 눈이 빛나고 있었다. 나는 또 도망쳤다.

9 ~ている ~하고 있다, ~해 있다 [타동사 て형+いる]
현재 진행 중인 동작을 나타내거나, 어떤 작용의 결과가 현재에도 지속되고 있는 상태의 지속을 나타낸다.

木ノ下さんは結婚(けっこん)しています。
키노시타 씨는 결혼했습니다. (결혼한 상태의 지속)

月が出ていて、おかや川を照らしていた。木も土もしっとりとぬれているかのようだ[10]。犬のいない場所を、ぼくはやっと見つけた。黄色いボールを横に置き、公園の木の根元に体を丸めて横になった。

ぼくは自分がひとりぼっちだと思い知った。たよりにする相手がいないということは、何とさみしいのだろう。風がふいても、遠くで物音がしても、目が覚めた。

ケンちゃんと遊ぶ夢を見た。

- ☐ おか(丘)　언덕
- ☐ 照(て)らす　비추다
- ☐ しっとり(と)　촉촉하게, 함초롬히
- ☐ ぬれる　젖다
- ☐ やっと　겨우, 간신히
- ☐ 見(み)つける　발견하다, 찾다
- ☐ 横(よこ)　옆
- ☐ 置(お)く　두다
- ☐ 公園(こうえん)　공원
- ☐ 根本(ねもと)　뿌리, 밑부분, 밑동
- ☐ 丸(まる)める　둥글게 하다, 뭉치다
- ☐ 横(よこ)になる　눕다, 쉬다
- ☐ 自分(じぶん)　자기, 자신
- ☐ ひとりぼっち　외톨이, 외톨박이
- ☐ 思(おも)い知(し)る　절감하다, 뼈저리게 느끼다
- ☐ たよりにする　의지하다, 힘이 되다
- ☐ 相手(あいて)　상대(방)
- ☐ 何(なん)と　어찌, 이 얼마나
- ☐ さみしい　쓸쓸하다 ＝さびしい
- ☐ 風(かぜ)がふく　바람이 불다
- ☐ 遠(とお)く　멀리
- ☐ 物音(ものおと)がする　소리가 나다
- ☐ 目(め)が覚(さ)める　잠이 깨다
- ☐ 遊(あそ)ぶ　놀다
- ☐ 夢(ゆめ)を見(み)る　꿈을 꾸다

달이 떠서 언덕과 강을 비추고 있었다. 나무도 흙도 촉촉하게 젖어 있는 것 같다. 개가 없는 장소를 나는 겨우 찾아냈다. 노란 공을 옆에 놓고, 공원 나무 밑동에 몸을 둥글게 웅크려 누웠다.

나는 내가 외톨이라는 것을 뼈저리게 느꼈다. 의지할 상대가 없다는 것은 얼마나 쓸쓸한 일인가! 바람이 불어도 멀리서 소리가 나도 잠이 깼다.

켄짱과 노는 꿈을 꾸었다.

10　〜(か)のようだ　〜하는 것 같다
　　　[동사・い형용사의 기본형, な형용사 어간, 명사+(か)のようだ]
　　　실제로는 그렇지 않은데 마치 그런 것처럼 여겨질 정도의 상태를 강조한다.

　　　魔法(まほう)にかかったかのようだ。 마법에 걸린 것 같다.

人のにおいがこかった。知らない街だ。ビルが空をかくしてうす暗く、たえず人をおどろかせる音がひびいていた。人や車があふれていて、ぼくが歩ける場所はなかった。ぼくは、ビルとビルの間に入り、いろんな大きくておそろしいものが流れていく道路をながめていた。

　ふってきた雨が目に入った。雨は熱くなってなみだになった。のき下のビニールぶくろをやぶり、魚のほねを食べた。何日ぶりかで口に入れるものだった。

- においがこ(匂い) 냄새, 향기, 향내
- こい 짙다, 진하다
- ビル 빌딩, 건물
- かくす 감추다, 가리다
- うす暗(ぐら)い 조금 어둡다, 어둑어둑하다
- たえず(絶えず) 끊임없이
- 音(おと) 소리
- ひびく 울리다
- あふれる 흘러 넘치다
- 入(はい)る 들어가(오)다
- ながめる 바라보다
- ふる(降る) (비, 눈 등이) 오다, 내리다
- のき下(した) 처마 끝, 처마 밑
- ビニールぶくろ 비닐봉지
- やぶる 찢다, 째다
- 魚(さかな) 생선
- ほね(骨) 뼈
- 〜ぶり 〜만에

사람의 냄새가 짙었다. 모르는 거리다. 빌딩이 하늘을 가려 조금 어둡고 끊임없이 사람을 놀라게 하는 소리가 울려 퍼지고 있다. 사람이랑 차가 흘러 넘쳐 내가 걸을 수 있는 곳은 없었다. 나는 빌딩과 빌딩 사이로 들어가 여러 가지 크고 무서운 것이 흘러가는 도로를 바라보고 있었다.
　내리기 시작한 비가 눈에 들어왔다. 비는 뜨거워져 눈물이 되었다. 처마 밑의 비닐봉지를 찢어 생선뼈를 먹었다. 며칠 만에 입에 넣는 음식이었다.

そのとき、するどい声が目の前からぶつかって
きた。ねこが歯をむき、とびかかってこようと身が
まえていたのだ。こんなにはげしくおこるねこを見
るのは初めてだ。あわてて黄色いボールをくわえ、
ぼくはにげた。

団地に来た。庭にはまだ木も植えられていない。
家は新しくてペンキのにおいがした。トラックが着
き、荷台から荷物を家の中に運んでいる人もいた。

- するどい 날카롭다, 예리하다, 예민하다
- ぶつかる 부딪치다
- ねこ(猫) 고양이
- 歯(は)をむく 이를 드러내다
- とびかかる 덤벼들다, 달려들다
- 身(み)がまえる (공격, 방어를 위한) 자세를 취하다
- はげしい 심하다, 격하다
- おこる(怒る) 화내다, 노하다, 성내다
- あわてる 당황하다, 허둥대다, 서두르다
- 団地(だんち) (주택이나 공장) 단지
- 庭(にわ) 정원
- 植(う)える 심다
- 新(あたら)しい 새롭다
- ペンキ 페인트
- においがする 냄새가 나다
- トラック 트럭
- 着(つ)く 도착하다
- 荷台(にだい) 짐받이, 적재함, 짐칸
- 荷物(にもつ) 짐
- 運(はこ)ぶ 운반하다, 옮기다

그때 날카로운 목소리가 눈앞에서 부닥쳐 왔다. 고양이가 이를 드러내고 달려들려고 자세를 취하고 있었다. 이렇게 격하게 화를 내는 고양이를 본 것은 처음이다. 서둘러서 노란 공을 입에 물고 나는 도망쳤다.

단지에 왔다. 정원에는 아직 나무도 심어져 있지 않았다. 집은 새로 지어 페인트 냄새가 났다. 트럭이 도착하고, 짐칸에서 짐을 집 안으로 옮기는 사람도 있었다.

37

青い新しいしばふをふんでいきながら、ぼくは鼻ですすりないた。目の前がぼんやりしていた。ぼくは、ここで死ぬかもしれない[11]。

「あら、かわいい。」

ぼくに向かって、ケンちゃんと同じくらいの年の女の子が走ってきた。

「モモちゃん、もどりなさい[12]。かまれたら[13]たいへん。」

- 青(あお)い 파랗다
- しばふ(芝生) 잔디
- ふむ(踏む) 밟다
- すすりなく 흐느껴 울다, 흐느끼다
- ぼんやり 어렴풋이, 아련히
- 死(し)ぬ 죽다
- あら 어머, 어머나(감탄사)
- かわいい 귀엽다, 사랑스럽다
- ~くらい ~정도
- 年(とし) 나이
- かむ 물다
- たいへんだ(大変だ) 큰일이다

파란 새 잔디를 밟고 가면서 나는 코로 흐느껴 울었다. 눈앞이 아련해졌다. 나는 여기서 죽을지도 몰라.

"어머, 귀여워."

나를 향해 켄짱과 비슷한 나이의 여자아이가 달려왔다.

"모모짱, 돌아와. 물리면 큰일나."

---

11 **～かもしれない ～(일)지도 모른다**
[동사·い형용사 기본형, な형용사 어간, 명사+かもしれない]
확실하지는 않지만 그럴 가능성이 있음을 나타내는 추측 표현이다.

仲良(なかよ)くなるチャンスかもしれない。 사이좋게 될 기회일지도 모른다.

12 **～なさい ～(하)세요** [동사 ます형+なさい]
～てください보다 덜 정중한 표현으로 친구나 아랫사람에 가벼운 부탁이나 명령을 할 때 쓰는 표현이다.

静(しず)かにしなさい。 조용히 하세요.

13 **～たら ～(하)면** [동사·い형용사·な형용사 た형+ら]
이미 실현된 일을 반대로 가정하거나, 아직 실현되지 않은 일을 가정하여 말할 때 쓴다.

安かったら買(か)うつもりでしたが。 쌌다면 살 작정이었습니다만.

お母さんの大声がしたが、女の子は平気でぼくの前にしゃがんだ。ぼくは、黄色いボールをはなし、小さな手をいっしょうけんめいになめた。ケンちゃんとは少しちがっても、子どもの味は同じだった。
「お母さん、うちで飼おう。」
　女の子の声がした。
「首輪つけているから、よその犬でしょう。」
「だれかがさがしに来るまででいいから、うちで飼おうよ。」
　女の子とお母さんは、お皿にミルクをくんできてくれた。ぼくは、息もつかずになめた。

어머니가 크게 소리쳤지만 여자아이는 아무렇지 않게 내 앞에 쭈그리고 앉았다. 나는 노란 공을 놓고 작은 손을 열심히 핥았다. 켄짱과는 조금 달랐지만 아이의 맛은 같았다.
　"엄마, 우리집에서 길러요."
　여자아이의 목소리가 났다.
　"목걸이를 하고 있으니까 다른 집 개일 거야."
　"누군가가 찾으러 올 때까지만이라도 좋으니까 우리집에서 길러요."
　여자아이와 엄마는 접시에 우유를 따라 가져다 주었다. 나는 숨도 쉬지 않고 핥아먹었다.

□ **大声(おおごえ)** 큰 (목)소리
□ **平気(へいき)だ** 태연하다, 예사롭다
□ **しゃがむ** 쭈그리고 앉다, 웅크리고 앉다
□ **はなす** 놓다, 풀어놓다
□ **いっしょうけんめいに** 열심히
□ **ちがう(違う)** 다르다
□ **味(あじ)** 맛
□ **よそ** 딴 곳, 남의 집
□ **さがしに来(く)る** 찾으러 오다
□ **お皿(さら)** 접시
□ **ミルク** 우유
□ **くむ** (물 등을) 긷다, 푸다
□ **息(いき)もつかずに** 숨도 쉬지 않고

こんなにおいしいミルクは初めてだった。二人はならんでしゃがみ、がつがつとミルクをなめるぼくを笑って見ていた。

一週間たった。ぼくは、木のかおりのする新しい小屋を作ってもらい、ぴかぴかのくさりでつながれている。ケンちゃんの代わりにモモちゃんがぼくのそばにいる。

小屋の中には黄色いボールが入れてある[14]。ケンちゃんかパパに会えたら、ぼくはボールをもどさなければならない。ずいぶんよごれてしまった[15]が、このボールはパパのものだ。

- おいしい 맛있다
- ならぶ 줄을 서다, 늘어서다, 나란히 서다
- がつがつ(と) 게걸스럽게 먹는 모습
- 笑(わら)う 웃다
- 一週間(いっしゅうかん) 일주일 간
- たつ(経つ) (시간이) 지나다, 경과하다
- かおりがする 향기(좋은 냄새)가 나다
- 小屋(こや) 물건이나 가축을 넣어두는 곳, 오두막집
- 作(つく)る 만들다
- ぴかぴか 번쩍번쩍, 반짝반짝
- くさり 쇠사슬, 체인
- つなぐ 매다, 묶다
- 代(か)わりに 대신해서
- 入(い)れる 넣다
- 会(あ)える 만날 수 있다
- ずいぶん 꽤, 상당히
- よごれる 더러워지다, 때묻다

이렇게 맛있는 우유는 처음이었다. 두 사람은 나란히 쭈그리고 앉아, 게걸스럽게 우유를 핥아먹는 나를 웃으며 보고 있었다.

   일주일이 지났다. 나는 나무 향기가 나는 새집을 만들어 받고, 번쩍번쩍한 쇠사슬로 매여 있다. 켄짱을 대신해서 모모짱이 내 곁에 있다.

   내 집안에는 노란 공이 들어 있다. 켄짱이나 아빠를 만날 수 있다면 나는 공을 돌려주어야만 한다. 몹시 더러워져 버렸지만 이 공은 아빠의 것이다.

---

14 ～てある　～아(어) 있다 [타동사 て형+ある]
   누군가의 의지에 따라 행해진 동작의 완료 상태를 나타낸다.

   壁(かべ)に紙(かみ)がはってある。 벽에 종이가 붙여져 있다.

15 ～てしまう　～해 버리다 [동사 て형+しまう]
   동작이 완전히 끝나거나 본인의 의지와 무관하게 일이 그렇게 되어 유감임을 나타낸다.

   道が込(こ)んでいて３時間もかかってしまった。 길이 막혀 3시간이나 걸려 버렸다.

지금까지 「黄色いボール」에서 익힌 표현들을 모았습니다.
내용을 상기하면서 풀어보고, 일반 회화에도 응용해 보기 바랍니다.

1 다음 [ ] 안의 단어를 이용하여 문장을 완성하세요.

❶ 来週、試験がありますので、すでに ＿＿＿＿＿＿＿＿＿＿た。
　[勉強する、おく]

❷ もしもし、私です。うん、ただいま ＿＿＿＿＿＿＿＿＿＿です。
　[帰る、ところ]

❸ 外を見ると、雨が ＿＿＿＿＿＿＿＿＿＿ のように土がすこしぬれています。[降る、ばかり]

❹ あしたの天気は少し ＿＿＿＿＿＿＿＿＿＿です。
　[さむい、そうだ]

2 다음 중 본문의 내용과 일치하면 ○표, 일치하지 않으면 ×표를 하세요.

❶ ケンちゃんが引っ越しをする時、タロウもいっしょに行くことになった。（　　）

❷ ケンちゃんは京都へ引っ越しをすることになった。（　　）

❸ タロウはケンちゃんと同じくらいの女の子と新しく住むようになった。（　　）

❹ お父さんの黄色いボールをタロウは今も持っている。（　　）

3 다음 빈칸에 알맞은 말을 보기에서 골라 써 넣으세요.

> 보기   歩いている   起きました   来るところではない

① 私は山を _____ 。

② 病気になったゆうこは今日学校へ _____ 。

③ 昨日、夜おそかったですが、今朝六時に _____ 。
　きのう　　　　　　　　　　　　　けさ

4 다음 주어진 문장을 이용해 작문해 보세요.

① 나를 놀래키려고 하다. ［僕をおどろかす］

　→ _____

② 나에게 우유를 먹이려고 하다. ［ミルクを飲ませる］

　→ _____

③ 이제부터 수학 공부를 할 작정이다. ［今から数学の勉強をする］
　　　　　　　　　　　　　　　　　　　　　すうがく

　→ _____

④ 주말에는 영화를 볼 예정이다. ［週末には映画を見る］
　　　　　　　　　　　　　　　　しゅうまつ

　→ _____

ごんぎつね

新美南吉
にい み なんきち

一

これは、わたしが小さいときに、村の茂平というおじいさんから聞いたお話です。

昔は、わたしたちの村の近くの、中山という所に、小さなおしろがあって、中山様というおとの様が、おられた[1]そうです[2]。

- きつね 여우
- 村(むら) 마을
- 聞(き)く 듣다, 묻다
- お話(はなし) 이야기〈お는 미화어〉
- 昔(むかし) 옛날
- 所(ところ) 곳, 장소
- おしろ(城) 성〈お는 존경어〉
- おとの様(さま) 주군(主君) 등 귀인에 대한 높임말, 성주님
- おられる 계시다〈おる의 존경 표현〉

아기 여우 곤

니이미 난키치

1

이것은 내가 어렸을 적에 마을의 모헤이라는 할아버지에게 들었던 이야기입니다.

옛날에는 우리 마을 근처에 나카야마라고 하는 곳에 작은 성이 있고, 나카야마님이라는 성주님이 계셨다고 합니다.

1 존경의 ~(ら)れる [동사 ない형+(ら)れる]
화제가 되고 있는 인물의 행위에 대한 존경의 뜻을 나타낸다.

先生は名簿(めいぼ)に名前を書かれました。 선생님은 명부에 이름을 쓰셨습니다.

2 ~そうだ ~(라)고 하다 [동사·い형용사·な형용사·명사의 보통형+そうだ]
화자가 직접 눈으로 보거나 귀로 들은 것이 아니라 신문·라디오·책, 혹은 다른 사람을 통해 전해 들은 사실을 말할 때 쓰는 표현이다.

きのうの天気予報(てんきよほう)によると、今日の天気は晴(は)れるそうです。
어제 일기예보에 의하면 오늘 날씨는 맑다고 합니다.

その中山から、少しはなれた山の中に、「ごんぎつね」というきつねがいました。ごんは、ひとりぼっちの小ぎつねで、しだのいっぱいしげった森の中に、あなをほってすんでいました。そして、夜でも、昼でも、辺りの村へ出てきて、いたずらばかりしました。畑へ入っていもをほり散らしたり、菜種がらの、ほしてあるのへ火をつけたり、百しょう家のうら手につるしてあるとんがらしをむしり取っていったり、いろんなことをしました。

　그 나카야마에서 조금 떨어진 산속에 '곤'이라는 여우가 있었습니다. 곤은 외톨박이 아기 여우로 풀고사리가 잔뜩 우거진 숲속에 굴을 파서 살고 있었습니다. 그리고 밤에도 낮에도 근처 마을에 나타나 장난만 쳤습니다. 밭에 들어가 감자를 파내어 여기저기 흩뜨려 놓기도 하고, 유채씨 껍질을 말리고 있는 곳에 불을 내기도 하고, 농사꾼의 집 뒤쪽에 매달아 놓은 고추를 잡아 뽑기도 하고, 여러 가지 장난을 쳤습니다.

- はなれる　떨어지다, 벌어지다
- 小(こ)ぎつね　아기여우, 새끼여우
- しだ　풀고사리
- いっぱい　가득함
- しげる　우거지다, 무성하다
- 森(もり)　숲
- あな(穴)　굴, 구멍
- ほる　파다
- すむ(住む)　살다
- 辺(あた)り　주위, 주변
- いたずら　장난, 장난질
- ～ばかりする　～만 하다
- いも　감자
- ほり散(ち)らす　파내어 여기저기 흩뜨려 놓다
- 菜種(なたね)　유채꽃 씨앗
- がら　찌꺼기 〈본문에서는 껍질의 의미로 쓰임〉
- ほす　말리다
- 火(ひ)をつける　불을 내다, 불을 붙이다
- 百(ひゃく)しょう　농민, 농사꾼
- うら手(て)　뒤편, 뒤쪽
- つるす　매달다, 달아놓다
- とんがらし　고추 〈とうがらし의 속어〉
- むしり取(と)る　쥐어뜯다, 잡아 뽑다, 억지로 빼앗다

ある秋のことでした。二、三日雨がふり続いたその間、ごんは、外へも出られなくて、あなの中にしゃがんでいました。

　雨があがると、ごんは、ほっとしてあなからはい出ました。空はからっと晴れていて、もずの声がキンキンひびいていました。

　ごんは、村の小川のつつみまで出てきました。辺りのすすきのほには、まだ、雨のしずくが光っていました。川は、いつもは水が少ないのですが、三日もの雨で、水がどっとましていました。ただのときは水につかることのない、川べりのすすきや、はぎのかぶが、黄色くにごった水に横だおしになって、もまれています。ごんは川下のほうへと、ぬかるみ道を歩いていきました。

어느 가을이었습니다. 2, 3일 비가 계속 내리던 그 동안에 곤은 밖으로 나갈 수 없어서 굴속에 웅크리고 있었습니다.

비가 그치자 곤은 마음 놓고 굴에서 기어 나왔습니다. 하늘은 활짝 개어 있었고, 때까치 소리가 까악까악 울려 퍼지고 있었습니다.

곤은 마을 실개천의 둑까지 나왔습니다. 근처의 참억새 열매에는 아직 빗방울이 빛나고 있었습니다. 개천은 여느 때는 물이 적습니다만, 3일이나 내린 비로 물이 갑자기 확 불어나 있었습니다. 보통 때는 물에 잠기는 일이 없는 강가의 참억새랑 싸리나무 밑동이 누렇게 탁해진 물에 옆으로 쓰러져서 이리저리 밀리고 있습니다. 곤은 강 아래쪽으로 진창길을 걸어갔습니다.

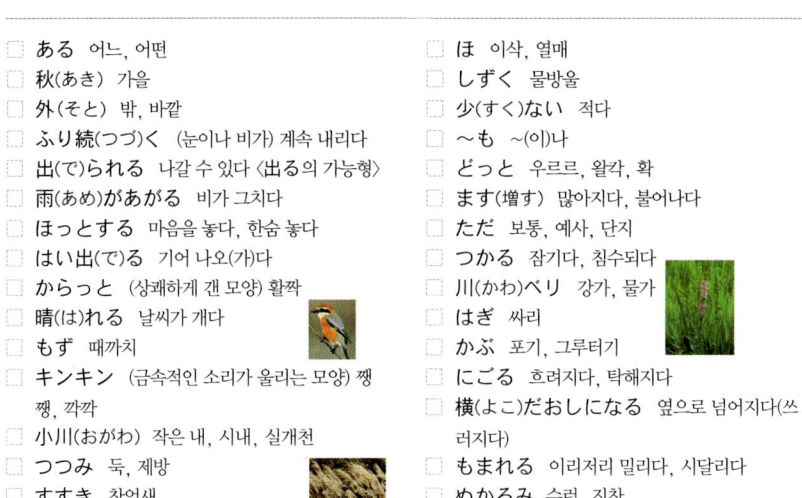

- □ ある 어느, 어떤
- □ 秋(あき) 가을
- □ 外(そと) 밖, 바깥
- □ ふり続(つづ)く (눈이나 비가) 계속 내리다
- □ 出(で)られる 나갈 수 있다 〈出る의 가능형〉
- □ 雨(あめ)があがる 비가 그치다
- □ ほっとする 마음을 놓다, 한숨 놓다
- □ はい出(で)る 기어 나오(가)다
- □ からっと (상쾌하게 갠 모양) 활짝
- □ 晴(は)れる 날씨가 개다
- □ もず 때까치
- □ キンキン (금속적인 소리가 울리는 모양) 쨍쨍, 깍깍
- □ 小川(おがわ) 작은 내, 시내, 실개천
- □ つつみ 둑, 제방
- □ すすき 참억새
- □ ほ 이삭, 열매
- □ しずく 물방울
- □ 少(すく)ない 적다
- □ ～も ～(이)나
- □ どっと 우르르, 왈칵, 확
- □ ます(増す) 많아지다, 불어나다
- □ ただ 보통, 예사, 단지
- □ つかる 잠기다, 침수되다
- □ 川(かわ)ベリ 강가, 물가
- □ はぎ 싸리
- □ かぶ 포기, 그루터기
- □ にごる 흐려지다, 탁해지다
- □ 横(よこ)だおしになる 옆으로 넘어지다(쓰러지다)
- □ もまれる 이리저리 밀리다, 시달리다
- □ ぬかるみ 수렁, 진창

ふと見ると、川の中に人がいて、何かやっています。ごんは、見つからないように、³そうっと草の深い所へ歩きよって、そこからじっとのぞいてみました。

「兵十だな」と、ごんは思いました。兵十は、ぼろぼろの黒い着物をまくし上げて、こしのところまで水にひたりながら、魚をとる、はりきりという、あみをゆすぶっていました。はちまきをした顔の横っちょうに、円いはぎの葉が一まい、大きなほくろみたいに⁴へばりついていました。

- ふと 문득, 우연히
- 見(み)つかる 발견되다
- そうっと 사알짝 〈そっと를 길게 늘려 말한 것〉
- 草(くさ) 풀
- 深(ふか)い 깊다
- 歩(ある)きよる 다가가다
- じっと 꼼짝 않고, 가만히
- のぞく 지켜보다, 엿보다, 들여다보다
- ぼろぼろ (낡고 해진 모양) 너덜너덜
- 黒(くろ)い 검다
- 着物(きもの) 일본의 전통옷, 옷
- まくし上(あ)げる 걷어 올리다
- こし 허리
- ひたる (물・액체가) 잠기다
- 魚(さかな)をとる 물고기를 잡다
- はりきり 물고기를 잡는 그물
- あみ 그물
- ゆすぶる 흔들다
- はちまき 머리띠
- 横(よこ)っちょ(う) 측면
- 円(まる)い 둥글다
- はぎの葉(は) 싸리잎
- 〜まい(枚) 〜장 〈얇고 평편한 것을 셀 때 쓰는 조수사〉
- ほくろ 점
- へばりつく 찰싹 달라붙다

문득 보니 강속에 사람이 있고, 무엇인가 하고 있습니다. 곤은 들키지 않게 사알짝 풀이 깊은 곳에 다가가 거기에서 가만히 지켜보았습니다.

'효쥬구나.' 하고 곤은 생각했습니다. 효쥬는 너덜너덜한 검은 옷을 걷어 올리고, 허리까지 물에 잠겨 물고기를 잡는 하리키리라는 그물을 흔들고 있었습니다. 머리띠를 한 얼굴 옆쪽에 둥근 싸리잎이 한 장 커다란 점같이 찰싹 달라붙어 있었습니다.

---

3 ~ように ~하도록, ~하게 [동사 기본형+ように]
목적이 실현되기를 바라는 소원, 원망, 목적을 나타낸다. 부정 표현은 ~ないように(~하지 않도록, ~하지 않게)이다.

早く泳げるように毎日練習(れんしゅう)しています.
빨리 수영할 수 있도록 매일 연습하고 있습니다.

4 ~みたいだ ~같다 [동사·い형용사의 보통형, な형용사 어간, 명사+みたいだ]
확실하진 않지만, 주관적인 경험을 근거로 한 추측을 나타낸다. 또 비유나 예시의 뜻도 가지고 있다.

二人はまるで捨(す)て猫(ねこ)みたい. 두 사람은 마치 버려진 고양이 같아.

しばらくすると、兵十は、はりきりあみのいちばん後ろの、ふくろのようになったところを、水の中から持ち上げました。その中には、しばの根や、草の葉や、くさった木ぎれなどが、ごちゃごちゃ入っていましたが、でも、ところどころ、白いものがきらきら光っています。それは、太いうなぎのはらや、大きなきすのはらでした。兵十は、びくの中へ、そのうなぎやきすを、ごみといっしょにぶちこみました。そして、また、ふくろの口をしばって、水の中へ入れました。

잠시 시간이 흐르자, 효쥬는 하리키리 그물의 맨 뒤에 주머니처럼 되어 있는 부분을 물속에서 들어 올렸습니다. 그 안에는 작은 잡목의 뿌리랑 풀잎, 썩은 나무토막 등이 뒤죽박죽 뒤섞여 들어 있었는데, 하지만 군데군데 흰 것이 반짝반짝 빛나고 있습니다. 그것은 통통한 뱀장어의 배와 커다란 피라미의 배였습니다. 효쥬는 어롱 안에 그 뱀장어랑 피라미를 쓰레기와 함께 집어 넣었습니다. 그리고 다시 주머니 입구를 묶어서 물속에 넣었습니다.

- しばらく　잠깐, 잠시
- いちばん　제일, 가장
- ふくろ　주머니
- 持(も)ち上(あ)げる　들어 올리다
- しばの根(ね)　작은 잡목의 뿌리
- くさる　썩다, 상하다
- 木(き)ぎれ　나무토막, 나뭇조각
- ごちゃごちゃ　어지러이 뒤섞인 모양, 어수선한 모양
- ところどころ(所々)　군데군데, 여기저기
- きらきら　반짝반짝, 번쩍번쩍
- 太(ふと)い　굵다
- うなぎ　뱀장어
- はら　배, 복부
- きす　피라미
- びく　(낚은 물고기를 넣는) 어롱
- ごみ　쓰레기
- ぶちこむ　처넣다, 집어넣다 〈うちこむ의 거센말〉
- 口(くち)　입구, 뚜껑, 구멍
- しばる　묶다

兵十は、それから、びくを持って川から上がり、びくを土手に置いといて5、何をさがしにか、川上のほうへかけていきました。

兵十がいなくなると、ごんは、ぴょいと草の中からとび出して、びくのそばへかけつけました。ちょいと、いたずらがしたくなったのです。ごんは、びくの中の魚をつかみ出しては、はりきりあみのかかっている所より下手の川の中を目がけて、ぽんぽん投げこみました。どの魚も、「トボン」と音を立てながら、にごった水の中へもぐりこみました。

- 持(も)つ　들다, 잡다
- 上(あ)がる　오르다, 올라가다
- 土手(どて)　제방, 둑
- 置(お)く　두다, 놓다
- 川上(かわかみ)　강(하천)의 상류
- かける　달리다
- ぴょいと　(가볍게 뛰어오르는 모양) 깡충, 훌쩍
- とび出(だ)す　뛰어나오다, 뛰어나가다
- かけつける　급히 달려가다, 급히 달려오다
- ちょいと　조금, 좀
- ～たい　～(하)고 싶다
- つかみ出(だ)す　끄집어내다, 집어 꺼내다
- かかる　걸리다, 매달리다
- 下手(しもて)　아래쪽
- 目(め)がける　목표로 하다, 겨냥하다, 노리다
- ぽんぽん　거침없이 연달아 하는 모양
- 投(な)げこむ　던져 넣다, 아무렇게나 집어넣다
- 音(おと)を立(た)てる　소리를 내다
- もぐりこむ　숨어들다, 잠입하다, 기어들다

효쥬는 그리고 나서 어롱을 들고 강에서 올라가 어롱을 둑에 얹어 놓고 무엇을 찾으러 가는 것인지 강 상류쪽으로 달려갔습니다.

효쥬가 사라지자 곤은 깡충 풀속에서 뛰어나와 어롱 옆으로 달려갔습니다. 장난이 좀 하고 싶어졌던 것입니다. 곤은 어롱 안의 물고기를 끄집어내서는 하리키리 그물이 쳐져 있는 곳보다 아래쪽 강속을 겨냥해서 서슴없이 던져 넣었습니다. 모든 물고기가 '풍덩' 하고 소리를 내면서 탁해진 물속으로 헤엄쳐 들어갔습니다.

---

5 **~とく ~해 두다** [동사 て형에서 て를 뺀 부분+とく]
~ておく의 축약형으로 회화체에서 많이 쓰인다. '미리 준비를 해두다', '물건을 두거나 설치하다', 또는 '내버려 두다'라는 방임을 나타낸다.

夜、外出(がいしゅつ)するからもう夕食はしときました。
저녁에 외출하기 때문에 이미 저녁은 준비해 두었습니다.

そのままにしといて。 그대로 해놔 둬요.

いちばんしまいに、太いうなぎをつかみにかかりましたが、なにしろ、ぬるぬるとすべりぬけるので、手ではつかめません。ごんは、じれったくなって、頭をびくの中につっこんで、うなぎの頭を口にくわえました。うなぎは、キュッといって、ごんの首へまきつきました。
　そのとたんに、兵十が、向こうから、
「うわあ、ぬすとぎつねめ。」
と、どなりたてました。ごんは、びっくりしてとび上がりました。うなぎをふりすててにげようとしましたが、うなぎは、ごんの首にまきついたままはなれません。ごんは、そのまま、横っとびにとび出して、一生けんめいにげていきました。

맨 마지막으로 통통한 뱀장어를 잡으려고 했습니다만, 도대체 미끌미끌 미끄러져 빠져나가서 손으로는 잡을 수 없습니다. 곤은 애가 달아 머리를 어롱 속에 처박고 뱀장어 머리를 입으로 물었습니다. 뱀장어는 꽉 하고 곤의 목에 휘감겼습니다.

그 순간 효쥬가 건너편에서

"야~, 도둑놈의 여우."

하고 큰소리로 호통쳤습니다. 곤은 깜짝 놀라 펄쩍 뛰었습니다. 뱀장어를 내동댕이치고 도망가려 했습니다만, 뱀장어는 곤의 목에 휘감긴 채 떨어지지 않습니다. 곤은 그대로 모로 뛰어나와 있는 힘을 다해 도망갔습니다.

- しまい 끝, 마지막, 끝마침
- つかみ 움켜쥠, 움켜잡음
- ~にかかる ~에 착수하다, (일을) 시작하다
- なにしろ 어쨌든, 여하튼
- ぬるぬると 미끈미끈
- すべりぬける 미끄러워 빠지다
- つかむ 잡다, 움켜쥐다
- じれったい (일이 뜻대로 진행되지 않아) 감질나다, 속이 타다
- つっこむ (아무렇게나) 쑤셔 넣다, 처넣다
- キュッと (세게 죄거나, 문지르거나 하는 모양) 꽉, 꼭
- まきつく 감겨 붙다, 휘감기다
- そのとたんに 그 순간에, 바로 그때
- ぬすと 도둑놈 =ぬすびと, ぬすっと
- ~め ~놈, ~녀석
- どなりたてる 격하게 고함치다
- びっくりする 깜짝 놀라다
- とび上(あ)がる 펄쩍 뛰다, 뛰어오르다
- ふりすてる 내동댕이치다
- 横(よこ)っとび 옆으로 뜀, 급히 달림 〈横(よこ)とび의 힘준 말〉
- とび出(だ)す 뛰어나가다

ほらあなの近くの、はんの木の下でふり返ってみましたが、兵十は追っかけては来ませんでした。

ごんはほっとして、うなぎの頭をかみくだき、やっと外して、あなの外の草の葉の上にのせておきました。

二

十日ほどたって、ごんが、弥助というお百しょうのうちのうらを通りかかりますと、そこの、いちじくの木のかげで、弥助の家内が、おはぐろをつけていました。かじ屋の新兵衛のうちのうらを通ると、新兵衛の家内が、かみをすいていました。ごんは、「ふふん、村に何かあるんだな。」と思いました。

동굴 근처 오리나무 아래에서 뒤돌아보았습니다만, 효쥬는 뒤쫓아오지는 않았습니다.

곤은 안심하고 뱀장어 머리를 씹어 간신히 떼어내어 굴 밖의 풀잎 위에 올려두었습니다.

2

열흘 정도 지나, 곤이 야스케라는 농부의 집 뒤를 지나가는데 그곳의 무화과나무 그늘에서 야스케의 아내가 이를 까맣게 물들이고 있었습니다. 대장장이 신베의 집 뒤를 지나가니 신베의 처가 머리를 빗고 있었습니다. 곤은 '흐음~, 마을에 무슨 일이 있구나.' 하고 생각했습니다.

- ほらあな 동굴
- はんの木(き) 오리나무
- ふり返(かえ)る 뒤돌아보다, 돌아다보다
- 追(お)っかける 뒤쫓다
- かみくだく 잘게 씹다
- 外(はず)す 떼어내다
- のせる 올리다
- 通(とお)りかかる 마침 그곳을 지나가다
- いちじくの木(き) 무화과나무
- かげ 그늘, 응달, 뒤(쪽)
- 家内(かない) 아내
- おはぐろ 옛날 결혼한 여인들이 이를 검게 물들이는 일, 또는 그 액 〈おはぐろをつける 이를 검게 물들이다〉
- かじ屋(や) 대장간, 대장장이
- かみをすく 머리를 빗다

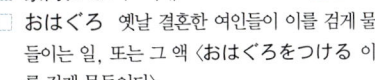

「なんだろう、秋祭りかな。祭りなら、たいこや笛の音がしそう⁶なものだ⁷。それにだいいち、お宮にのぼりが立つはずだが。」

こんなことを考えながらやってきますと、いつのまにか、表に赤いいどのある兵十のうちの前へ来ました。その小さな、こわれかけた*家の中には、大ぜいの人が集まっていました。よそ行きの着物を着て、こしに手ぬぐいを下げたりした女たちが、表のかまどで火をたいています。大きななべの中では、何かぐずぐずにえていました。

- 秋祭(あきまつ)り (추수를 감사하는) 축제
- 〜かな 〜인가, 〜구나 〈영탄·의문의 종조사〉
- 〜なら 〜라면
- たいこ 북
- 笛(ふえ) 피리
- それに 그리고, 게다가
- だいいち(第一) 제일, 맨 먼저
- お宮(みや) 신사 〈神社(じんじゃ)의 높임말〉
- のぼり 깃발
- 立(た)つ 서다
- 表(おもて) 밖
- 赤(あか)いいど 갈색 토관을 사용해 만든 우물
- こわれる 무너지다
- 大(おお)ぜい 여럿, 많은 사람
- 集(あつ)まる 모이다
- よそ行(ゆ)き 외출, 나들이
- こし 허리
- 手(て)ぬぐい 수건
- 下(さ)げる 드리우다, 매달다
- かまど 부뚜막
- 火(ひ)をたく 불을 지피다, 불을 피우다
- なべ 냄비
- ぐずぐず 흐물흐물, 꾸물꾸물, 우물쭈물
- にえる 삶아지다, 익다, 끓다

'무슨 일일까? 가을 축제인가? 축제라면 북이랑 피리 소리가 날 텐데. 그리고 제일 먼저 신사에 깃발이 올라갈 터인데.'

이런 생각을 하면서 갔더니 어느 사이엔가 밖에 붉은 우물이 있는 효쥬의 집 앞에 왔습니다. 그 작은, 금방이라도 무너질 것 같은 집 안에는 많은 사람들이 모여 있었습니다. 외출복을 입고 허리에 수건을 매달기도 한 여인들이 바깥의 부뚜막에서 불을 지피고 있습니다. 큰 솥 안에는 무엇인가 보글보글 끓고 있었습니다.

---

6 **～そうだ　～일 것 같다** [동사 ます형, い형용사・な형용사의 어간＋そうだ]
화자가 직접 보고 듣고 느낀 주관적인 추측 판단을 나타낸다.

彼は日曜日なのに、学校へ行きそうな服装(ふくそう)をしていた。
그는 일요일인데 학교에 갈 것 같은 옷을 입고 있었다.

7 **～ものだ　～(하)기 마련이다, ～(하)는 법이다**
[동사・い형용사의 기본형, な형용사な＋ものだ]
보편적인 진리, 당연한 일을 나타낼 때 쓴다.

子どもは親(おや)の背中(せなか)を見て育(そだ)つものた.
아이는 부모의 행동을 보며 자라는 법이다.

★ **～かける　～(하)기 시작하다, 금방이라도 ～할 것 같다** [동사 ます형＋かける]

本を読みかけましたが、途中でやめました。
책을 읽기 시작했습니다만, 도중에 그만뒀습니다.

「ああ、そう式だ。」と、ごんは思いました。

「兵十のうちのだれが死んだんだろう。」

お昼がすぎると、ごんは、村の墓地へ行って、六地蔵さんのかげにかくれていました。いいお天気で、遠く向うには、おしろの屋根がわらが光っています。墓地には、ひがん花が、赤いきれのようにさき続いていました。と、村のほうから、カーン、カーン、と、かねが鳴ってきました。そう式の出る合図です。

- そう式(しき) 장례식
- すぎる(過ぎる) 지나다, 경과하다
- 墓地(ぼち) 묘지
- 地蔵(じぞう) 지장보살
- かげ 뒤
- かくれる(隠れる) 숨다
- 屋根(やね) 지붕
- かわら 기와
- ひがん花(ばな) 피안화, 석산화
- きれ 천 조각, 옷감
- さき続(つづ)く 잇따라 피다
- と 그러자
- カン (종이 울리는 소리) 땡
- かね 종
- 鳴(な)る 울리다
- 合図(あいず) 신호

'아, 장례식이군.' 하고 곤은 생각했습니다.
'효쥬 집의 누군가가 죽은 건가 봐.'
점심때가 지나자 곤은 마을 묘지로 가서 여섯 지장보살상 뒤에 숨어 있었습니다. 날씨가 맑아 멀리 건너편에는 성의 기와지붕이 빛나고 있습니다. 묘지에는 피안화가 붉은 옷감처럼 잇따라 피어 있었습니다. 그러자 마을 쪽에서 땡-땡- 하고 종이 울려 왔습니다. 장례식 출발 신호입니다.

やがて、白い着物を着たそう列の者たちがやってくるのが、ちらちら見え始めました。話し声も近くなりました。そう列は墓地へ入ってきました。人々が通ったあとには、ひがん花が、ふみ折られていました。

　ごんは、のび上がって見ました。兵十が、白いかみしもを着けて、いはいをささげています。いつもは赤いさつまいもみたいな元気のいい顔が、今日は何だかしおれていました。

　「ははん、死んだのは兵十のおっかあだ。」
ごんはそう思いながら、頭を引っこめました。

　そのばん、ごんは、あなの中で考えました。

이윽고 흰 옷을 입은 장례 행렬 사람들이 오는 것이 어른어른 보이기 시작했습니다. 말소리도 가까워졌습니다. 장례 행렬은 묘지로 들어왔습니다. 사람들이 지나간 뒤에는 피안화가 밟혀 꺾여 있었습니다.

곤은 발돋움하여 보았습니다. 효쥬가 흰 상복을 입고 위패를 (양손으로) 받들고 있습니다. 보통 때는 붉은 고구마 같이 건강한 얼굴이 오늘은 왠지 풀이 죽어 있습니다.

'아하, 죽은 것은 효쥬의 엄마구나.'

곤은 그렇게 생각하면서 머리를 움츠렸습니다.

그날 밤, 곤은 굴 안에서 생각했습니다.

- やがて 이윽고, 마침내
- そう列(れつ) 장례식 행렬
- ちらちら (사물이 보이다 말다가 하는 모양) 어른어른
- 見(み)え始(はじ)める 보이기 시작하다
- 話(はな)し声(ごえ) 말소리
- 通(とお)る 지나가다
- ~たあと(後) ~한 뒤
- ふみ折(お)られる 밟아 꺾다 〈ふむ(밟다)+折る(꺾다)의 수동형〉
- のび上(あ)がる 발돋움하다
- かみしも 에도시대 무사들의 예복, 서민들의 정장
- 着(つ)ける 착용하다, 입다
- いはい 위패
- ささげる 손으로 들다, 받치다, 올리다
- さつまいも 고구마
- しおれる 풀이 죽다, 의기소침하다
- おっかあ 엄마(아이들이 쓰는 말)
- 引(ひ)っこめる 움츠리다

「兵十のおっかあは、とこについていて、うなぎが食べたい、と言ったにちがいない[8]。それで、兵十が、はりきりあみを持ち出したんだ。ところが、わしがいたずらをして、うなぎを取ってきてしまった。だから、兵十は、おっかあにうなぎを食べさせることができなかった。そのまま、おっかあは死んじゃったにちがいない。ああ、うなぎが食べたい、うなぎが食べたいと思いながら死んだんだろう。ちょっ、あんないたずらをしなけりゃよかった。」

- とこにつく 병으로 자리에 눕다, 잠자리에 들다
- それで 그래서
- 持(も)ち出(だ)す 들고나가다, 들어내다, 반출하다
- ところが 그런데
- わし 나〈わたし의 옛말로 주로 나이든 남자들이 쓴다〉
- だから 그래서, 그러니까
- そのまま 그대로, 본디대로
- 〜じゃった 〜해 버렸다〈〜でしまった의 회화체〉
- ちょっ 쳇, 칫
- 〜しなけりゃ 〜하지 않았다면〈〜しなければ의 회화체〉

'효쥬 엄마는 병으로 자리에 누워서 뱀장어가 먹고 싶다고 말한 것이 분명해. 그래서 효쥬는 하리키리 그물을 들고 나간 거야. 그런데 내가 장난을 쳐서 뱀장어를 빼앗아 와 버렸어. 그래서 효쥬는 엄마에게 뱀장어를 먹일 수 없었어. 엄마는 그대로 죽어버린 게 틀림없어. 아~, 뱀장어가 먹고 싶다, 뱀장어가 먹고 싶다고 생각하면서 죽었을 거야. 쳇, 그런 장난을 하지 않았으면 좋았을 텐데.'

8 ～にちがいない ～임에 틀림없다
[동사・い형용사 보통형, な형용사 어간, 명사+にちがいない]
말하는 사람이 뭔가에 근거를 두고 강하게 확신하며 추측하는 표현이다.

彼(かれ)が犯人(はんにん)にちがいない。 그가 범인임이 틀림없다.

三

兵十が、赤いいどの所で、麦をといでいました。

兵十は今まで、おっかあと二人きりで、まずしいくらしをしていたもので、おっかあが死んでしまっては、もうひとりぼっちでした。

「おれと同じ、ひとりぼっちの兵十か。」こちらの物置の後ろから見ていたごんは、そう思いました。

ごんは、物置のそばをはなれて、向こうへ行きかけますと、どこかで、いわしを売る声がします。

- 麦(むぎ) 보리
- とぐ (쌀 등을) 씻다
- 今(いま)まで 이제까지, 지금까지
- ～きり (한정) ～뿐, ～만
- まずしい 가난하다, 부족하다
- くらし(暮らし) 생활
- ～もので ～(이)기 때문에
- 物置(ものおき) 광, 창고, 곳간
- どこか 어딘가
- いわし 정어리
- 行(い)きかける 막 가려고 하다, 가기 시작하다

3

 효쥬가 붉은 우물이 있는 곳에서 보리를 씻고 있었습니다.

 효쥬는 지금까지 어머니와 단둘이서 가난한 생활을 하고 있었기 때문에, 어머니가 돌아가셔서 이제 혼자였습니다.

 '나와 같은 외톨이 효쥬인가.' 이쪽 곳간 뒤에서 보고 있던 곤은 그렇게 생각했습니다.

 곤이 곳간 옆을 떠나 건너편으로 가려 하자, 어디선가 정어리를 파는 소리가 들립니다.

「いわしの安売りだあい。生きのいい、いわしだあい。」

ごんは、その、いせいのいい声のするほうへ走っていきました。と、弥助のおかみさんが、うら戸口から、

「いわしをおくれ。」

と言いました。いわし売りは、いわしのかごを積んだ車を道ばたに置いて、ぴかぴか光るいわしを両手でつかんで、弥助のうちの中へ持って入りました。

- ☐ 安売(やすう)り 싸게 팜
- ☐ 生(い)きのいい 물이 좋은, 싱싱한
- ☐ いせい 위세, 기운, 활기
- ☐ おかみさん (かみさん의 높임말) 상점 등의 여주인, 마누라
- ☐ うら戸口(とぐち) 뒷문 입구
- ☐ おくれ 주세요 〈くれる의 명령형에 존경의 お가 접속된 형태〉
- ☐ ～売(う)り ～판매, ～장사
- ☐ かご 바구니, 소쿠리
- ☐ 積(つ)む 쌓다, 싣다
- ☐ 道(みち)ばた 길가
- ☐ 両手(りょうて) 두 손
- ☐ つかむ 잡다, 들다, 쥐다

"정어리 싸게 팝니다아~. 싱싱한 정어리요오~."
 곤은 그 위세 좋은 목소리가 나는 쪽으로 달려갔습니다. 그러자, 야스케의 부인이 뒷문에서,
 "정어리 주세요."
하고 말했습니다. 정어리 장수는 정어리 바구니를 실어 놓은 수레를 길가에 세워 놓고 반짝반짝 빛나는 정어리를 두 손으로 잡고 야스케네 집 안으로 들고 들어갔습니다.

ごんは、そのすきまに、かごの中から、五、六ぴき*のいわしをつかみ出して、もと来たほうへかけだしました。そして、兵十のうちのうら口からうちの中へいわしを投げこんで、あなへ向かってかけもどりました。とちゅうの坂の上でふり返ってみますと、兵十がまだ、いどの所で麦をといでいるのが、小さく見えました。

　ごんは、うなぎのつぐないに、まず一つ、いいことをしたと思いました。

- □ すきま　틈, 사이
- □ かけだす　뛰어나가다, 뛰어나오다
- □ うら口(ぐち)　뒷문
- □ 投(な)げこむ　던져 넣다
- □ かけもどる　뛰어 돌아오다, 뛰어 돌아가다
- □ とちゅう(途中)　도중
- □ 坂(さか)　고개, 비탈길
- □ ふり返(かえ)る　되돌아보다, 뒤돌아보다
- □ つぐない　속죄, 보상, 죄 갚음
- □ まず　우선, 먼저

곤은 그 사이에 바구니 안에서 대여섯 마리의 정어리를 끄집어내어 원래 왔던 쪽으로 뛰어갔습니다. 그리고 효쥬네 집 뒷문에서 집 안으로 정어리를 던져 넣고, 굴을 향해 뛰어 돌아왔습니다. 도중에 언덕 위에서 뒤돌아보니 효쥬가 아직 우물가에서 보리를 씻고 있는 것이 작게 보였습니다.

곤은 뱀장어에 대한 속죄로 우선 한 가지 좋은 일을 했다고 생각했습니다.

★ ~ひき(匹) ~마리 (작은 동물을 세는 조수사)

いっぴき 한 마리   にひき 두 마리   さんびき 세 마리
よんひき 네 마리   ごひき 다섯 마리 ろっぴき 여섯 마리
ななひき 일곱 마리 はっぴき 여덟 마리 きゅうひき 아홉 마리
じっぴき・じゅっぴき 열 마리   なんびき 몇 마리

次の日には、ごんは、山でくりをどっさり拾って、それをかかえて、兵十のうちへ行きました。うら口からのぞいてみますと⁹、兵十は、昼飯を食べかけて、茶わんを持ったまま、ぼんやりと考えこんでいました。変なことには、兵十のほっぺたに、かすりきずがついています。どうしたんだろうと、ごんが思っていますと、兵十がひとり言を言いました。

- □ くり　밤
- □ どっさり　잔뜩, 듬뿍
- □ 拾(ひろ)う　줍다
- □ かかえる　안다, 껴안다, 감싸다
- □ 昼飯(ひるめし)　점심밥
- □ 食(た)べかける　먹기 시작하다, 먹는 중이다
- □ 茶(ちゃ)わん　밥그릇
- □ ぼんやり(と)　얼빠진 모양, 멍하게
- □ 考(かんが)えこむ　골똘히 생각하다, 생각에 잠기다
- □ 変(へん)だ　이상하다, 괴이하다
- □ ほっぺた　볼, 뺨
- □ かすりきず　긁힌 상처
- □ (きずが)つく　(상처가) 생기다
- □ ひとり言(ごと)を言(い)う　혼잣말을 하다

다음날에는 곤은 산에서 밤을 잔뜩 주워서 그것을 안고 효쥬네 집으로 갔습니다. 뒷문에서 들여다보니 효쥬는 점심을 먹는 중으로 밥그릇을 든 채 멍하니 골똘히 생각하고 있었습니다. 이상하게도 효쥬의 뺨에 긁힌 상처가 있었습니다. '무슨 일일까?' 하고 곤이 생각하고 있자 효쥬가 혼잣말을 했습니다.

9 **~と ~(하)면, ~(하)자, ~(했)더니** [동사・い형용사・な형용사의 기본형+と]
불변하는 진리나 법칙, 자연현상, 일반적인 상식 등 어떤 조건이 갖춰지면 반드시 그러한 일이 일어나는 경우나 습관, 반복적 사실을 나타낸다. 또 성립된 사항을 조건으로 내세워 새롭게 안 사실을 나타내기도 한다.

少し行くと、細(ほそ)い道に出ます。 조금 가면 좁은 길이 나옵니다.
試(ため)しに食べてみると、これがおいしい! 시험 삼아 먹어보니 이게 맛있다!

「いったい、だれが、いわしなんかを、おれのうちへほうりこんでいったんだろう。おかげで、おれは、ぬす人と思われて、いわし屋のやつに、ひどいめにあわされた*。」

と、ぶつぶつ言っています。

ごんは、「これはしまった。」と思いました。「かわいそうに兵十は、いわし屋にぶんなぐられて、あんなきずまでつけられたのか。」ごんは、こう思いながら、そっと物置のほうへ回って、その入口に、くりを置いて帰りました。

- いったい　도대체
- おれ　나〈남성어〉
- ほうりこむ　던져 넣다, 집어넣다
- おかげで　덕분에
- ぬす人(びと)　도둑
- ～屋(や)　~하는 집, ~가게 주인
- やつ　놈, 녀석
- ひどいめにあう　지독한 꼴을 당하다, 혼쭐나다
- ぶつぶつ　투덜투덜, 중얼중얼
- しまった　아차, 아뿔사〈실수를 깨달았을 때 하는 표현〉
- かわいそうだ　불쌍하다, 가엾다
- ぶんなぐる　후려갈기다, 냅다 갈기다
- そっと　살짝, 가만히
- 回(まわ)る　돌다
- 入口(いりぐち)　입구

"도대체 누가 정어리 같은 것을 우리집에 던져 넣고 간 거야? 그 덕분에 나는 도둑으로 몰려 정어리 장수한테 호되게 당했어."
하고 투덜거리며 말했습니다.

곤은 '아차, 이런.' 하고 생각했습니다. '불쌍하게도 효쥬는 정어리 장수한테 두들겨 맞아서 저런 상처까지 난 것인가?' 곤은 이렇게 생각하면서 살짝 곳간 쪽으로 돌아가 그 입구에 밤을 놓고 돌아갔습니다.

★ 동사의 사역수동 만들기

다른 사람이나 어떤 상황에 의해 강요된 행동으로 '억지로 무엇을 하다'라는 뜻을 나타낸다.

1 그룹 동사　　ない형+せられる
〈기본형이 ～す인 동사 이외에는 ～せられる보다 ～される 쪽이 일반적이다.〉
　　　　　　　書く → 書かされる　　話す→話させられる

2 그룹 동사　　ない형+させられる
　　　　　　　見る→ 見させられる　　食べる→食べさせられる

불규칙 동사　　する→させられる　　来る→来(こ)させられる

部長(ぶちょう)はカラオケで私に歌を歌わされました。
부장님은 노래방에서 나에게 노래를 부르게 했습니다.

次の日も、その次の日も、ごんは、くりを拾っては、兵十のうちへ持ってきてやりました。その次の日には、くりばかりでなく[10]、まつたけも二、三本*持っていきました。

四

月のいいばんでした。ごんは、ぶらぶら遊びに出かけました。中山様のおしろの下を通って、少し行くと、細い道の向こうから、だれか来るようです。話し声が聞えます。チンチロリン、チンチロリンと、まつむしが鳴いています。

- まつたけ 송이버섯
- ばん(晩) 밤
- ぶらぶら 어슬렁어슬렁, 빈둥빈둥
- 出(で)かける 나가다, 외출하다
- 細(ほそ)い 가늘다, 좁다〈細い道(ほそいみち)오솔길〉
- 向(む)こう 맞은편, 건너편
- 聞(き)こえる 들리다
- チンチロリン (청귀뚜라미가 우는 소리) 귀뚤귀뚤
- まつむし 청귀뚜라미
- 鳴(な)く (새・벌레 등이) 울다

다음날도 그 다음날도 곤은 밤을 주워서는 효쥬네 집에 가져다 주었습니다. 그 다음날에는 밤뿐만 아니라 송이버섯도 두세 송이 가지고 갔습니다.

4

달빛이 좋은 밤이었습니다. 곤은 어슬렁어슬렁 놀러 나갔습니다. 나카야 마님의 성 밑을 지나 조금 걸어가자 오솔길 저편에서 누군가가 오는 듯합니다. 말소리가 들립니다. 귀뚤귀뚤 하며 청귀뚜라미가 울고 있습니다.

10 ～ばかりでなく ～뿐만 아니라
[동사・い형용사의 보통형, な형용사나, 명사+ばかりでなく]
'그것은 물론 또 다른 것도'라는 첨가 의미를 나타낸다.

年輩(ねんぱい)の方ばかりでなく、若い女性客(じょせいきゃく)も多いんだそうです。 나이든 분만이 아니라 젊은 여성 고객도 많다고 합니다.

✶ **～本(ほん) ～자루(가늘고 긴 것을 셀 때 쓰는 조수사)**

いっぽん 한 자루	さんぼん 세 자루	ろっぽん 여섯 자루
はっぽん 여덟 자루	じゅっぽん 열 자루	なんぼん 몇 자루

ごんは、道のかた側にかくれて、じっとしていました。話し声は、だんだん近くなりました。それは、兵十と、加助というお百しょうでした。

「そうそう、なあ、加助。」

と、兵十がいいました。

「ああん？」

「おれあ、このごろ、とても不思議なことがあるんだ。」

「何が？」

「おっかあが死んでからは[11]、だれだか知らんが、おれに、くりやまつたけなんかを、毎日毎日、くれるんだよ。」

- かた側(がわ) 한쪽, 한쪽편
- じっと 꼼짝 않고, 가만히
- だんだん 점점, 차차
- そうそう 〈잊었던 일이 생각났을 때〉아 참, 〈동의할 때〉그렇지
- なあ〈말을 걸 때〉응, 그렇지, 여보게
- 不思議(ふしぎ)だ 이상하다, 희한하다
- 知(し)らん 모르다〈ん은 부정의 조동사 ぬ가 변한 말로, 동사의 ない형에 접속한다〉
- ～なんか ～따위, ～등, ～같은 것

곤은 길 한쪽편에 숨어서 꼼짝 않고 있었습니다. 말소리는 점점 가까워졌습니다. 그것은 효쥬와 카스케라는 농부였습니다.
"아 참, 있지, 카스케."
하고 효쥬가 말했습니다.
"응?"
"나 말이지, 요즘 정말 이상한 일이 있어."
"무슨 일인데?"
"어머니가 돌아가시고 난 후부터는 누군지는 모르지만 나한테 밤이랑 송이버섯 같은 걸 매일 매일 주는 거야."

11 ～てから　～하고 나서 [동사 て형+から]
앞의 행동을 완료한 후 계속되는 다른 동작을 나타낸다.
　　少し休んでから、出発(しゅっぱつ)しよう。 좀 쉬고 나서 출발해요.

「ふうん、だれが？」

「それがわからんのだよ。おれの知らんうちに¹²、置いていくんだ。」

ごんは、二人の後をつけていきました。

「ほんとかい？」

「ほんとだとも。うそと思うなら、あした見に来いよ。そのくりを見せてやるよ。」

「へえ、変なこともあるもん¹³だなあ。」

それなり、二人は、だまって歩いていきました。

- わからん 모르다 ＝わからない
- 後(あと)をつける 뒤따라가다, 뒤쫓아가다
- ほんと 사실, 정말임〈ほんとう의 줄임말〉
- ～かい （친밀감을 갖고 물을 때）～냐, ～니
- ～とも ～고말고〈활용형의 종지형에 붙어 의문의 여지가 없음을 나타냄〉
- うそ 거짓말
- 見(み)せる 보이다
- それなり 그렇게 한 채, 그뿐
- だまる 입을 다물다, 침묵하다

"흠~, 누가?"
"그것을 모른다니까. 내가 모르는 사이에 두고 가."
곤은 두 사람의 뒤를 쫓아갔습니다.
"정말이야?"
"정말이고말고. 거짓말이라 생각한다면 내일 보러 와. 그 밤을 보여줄게."
"허참, 이상한 일도 있구나."
그렇게 두 사람은 말없이 걸어갔습니다.

12 **〜うちに　〜하는 동안에(사이에)**　[동사ている, 명사の+うちに]
　　'어떠한 상태 동안 무엇을 하다'라는 뜻을 나타내는 표현으로, 부정 표현은 〜ないうちに(〜하기 전에)이다.

　　忘(わす)れないうちに書いておこう。 잊어 버리기 전에 써 두자.

13 **〜ものだ　〜구나**　[동사・い형용사의 보통형, な형용사 + ものだ]
　　지금까지 몰랐던 사실이나 모두가 공감하는 것에 대한 놀람, 감탄・영탄을 나타낸다.

　　時の流れは早いものですね。 시간의 흐름은 빠르군요.

加助が、ひょいと後ろを見ました。ごんは、びくっとして、小さくなって立ち止まりました。加助は、ごんには気がつかないで、そのまま、さっさと歩きました。吉兵衛というお百しょうのうちまで来ると、二人は、そこへ入っていきました。ポンポンポンポンと、木魚の音がしています。まどのしょうじに明かりがさしていて、大きなぼうず頭がうつって動いていました。ごんは、「お念仏があるんだな。」と思いながら、いどのそばにしゃがんでいました。しばらくすると、また、三人ほど人が連れだって、吉兵衛のうちへ入っていきました。おきょうを読む声が聞こえてきました。

카스케가 무심코 뒤를 돌아보았습니다. 곤은 깜짝 놀라 움츠려 멈춰 섰습니다. 카스케는 곤을 알아채지 못하고 그대로 재빨리 걸어갔습니다. 키치베라는 농부의 집까지 오자 둘은 그곳으로 들어갔습니다. 탁탁탁탁 하고 목탁 소리가 났습니다. 창의 장지문에 빛이 비치고 커다란 까까머리가 비춰 움직이고 있었습니다. 곤은 '염불 하는구나.' 하고 생각하면서 우물 근처에 쭈그리고 앉아 있었습니다. 얼마 시간이 흐른 후, 또 세 명 정도의 사람이 함께 키치베의 집으로 들어갔습니다. 불경을 읊는 소리가 들려왔습니다.

- ひょいと 무심코, 문득, 불쑥, 우연히
- びくっと 흠칫, 깜짝, 바르르
- 立(た)ち止(ど)まる 멈추어 서다
- 気(き)がつく 생각이 미치다, 눈치 채다
- さっさと (동작이 재빠른 모양) 후딱후딱, 냉큼냉큼, 재빠르게
- ポンポンポンポン (나무를 두드리는 소리) 탁탁탁탁
- 木魚(もくぎょ) 목탁
- まど(窓) 창, 창문
- しょうじ 장지문, 창호지를 바른 문
- 明(あ)かり 빛, 불빛, 등불
- さす (빛이) 비치다
- ぼうず頭(あたま) 까까머리, 중대가리
- うつる(映る) 비치다, 반영되다
- 念仏(ねんぶつ) 염불〈おは 미화어〉
- 連(つ)れだつ 동행하다, 함께 가다
- おきょう 불경, 경문

五

　ごんは、お念仏がすむまで、いどのそばにしゃがんでいました。兵十と加助は、またいっしょに帰(かえ)っていきます。ごんは、二人の話を聞こうと思って、ついていきました。兵十のかげぼうしをふみふみ行きました。

　おしろの前まで来たとき、加助が言いだしました。

「さっきの話は、きっと、そりゃあ、神様(かみさま)のしわざだぞ。」

5

 곤은 염불이 끝날 때까지 우물 근처에 웅크리고 앉아 있었습니다. 효쥬와 카스케는 다시 함께 돌아갔습니다. 곤은 두 사람의 이야기를 들으려고 쫓아갔습니다. 효쥬의 그림자를 밟으며 밟으며 갔습니다.
 성 앞까지 왔을 때 카스케가 말을 꺼냈습니다.
 "아까 이야기는, 분명 그건 신의 조화야."

- ☐ すむ   끝나다
- ☐ かげぼうし   그림자
- ☐ ふむ   밟다
- ☐ 言(い)いだす(言い出す)   말을 꺼내다
- ☐ さっき   조금 전
- ☐ きっと   꼭, 반드시, 틀림없이
- ☐ そりゃあ   그건, 그것은 〈それはの회화체〉
- ☐ 神様(かみさま)   신
- ☐ しわざ   소행, 짓
- ☐ ~ぞ (자기 주장) ~야, ~다

「えっ？」

と、兵十はびっくりして、加助の顔を見ました。

「おれは、あれからずっと考えていたが、どうも、そりゃ、人間じゃない、神様だ。神様が、おまえがたった一人になったのを、あわれに思わっしゃって、いろんな物をめぐんでくださるんだよ。」

「そうかなあ。」

「そうだとも。だから、毎日、神様にお礼を言うがいいよ。」

「うん。」

"뭐라고?"
하며 효쥬는 깜짝 놀라 카스케의 얼굴을 바라보았습니다.
"내가 그때부터 계속 생각했는데, 아무래도 그건 인간이 아니라 신이야. 신이 네가 완전히 혼자가 된 것을 불쌍히 여겨서 여러 가지 것을 베풀어 주신 거야."
"그럴까?"
"그렇고말고. 그러니까 매일 신에게 감사의 인사를 하는 것이 좋아."
"응."

- えっ 뭐, 뭐라고 〈놀람·감탄〉
- びっくりする 깜짝 놀라다
- 顔(かお) 얼굴
- あれから 그때부터
- ずっと 계속, 쭉
- どうも 아무래도
- 人間(にんげん) 인간
- あわれだ 애처롭다, 가엾다, 불쌍하다
- 思(おも)わっしゃる 생각하시다 〈思う의 존경어〉
- めぐむ 은혜를 베풀다, 사랑을 베풀다
- くださる (윗사람이 아랫사람에게) 주시다, 내리시다
- だから 그러니까, 그래서
- お礼(れい)を言(い)う 감사의 인사를 하다

ごんは、「へえ、こいつはつまらないな。」と思いました。

「おれが、くりやまつたけを持っていってやる[14]のに、そのおれにはお礼を言わないで、神様にお礼を言うんじゃあ、おれは引き合わないなあ。」

六

その明くる日も、ごんは、くりを持って、兵十のうちへ出かけました。兵十は、物置で、なわをなっていました。それで、ごんは、うちのうら口から、こっそり中へ入りました。

- こいつ　이 녀석, 이것
- つまらない　시시하다, 하찮다, 어이없다
- 〜のに　〜인데, 〜(하)는데도
- 〜ないで　〜(하)지 않고
- 引(ひ)き合(あ)う　이익이 남다, 보람이 있다
- 明(あ)くる　다음의
- なわをなう　새끼줄(밧줄)을 꼬다
- こっそり　남몰래, 살짝

곤은 '허! 이거 어이없네.' 하고 생각했습니다.
'내가 밤이랑 송이버섯을 가져다 주는데, 그런 내게는 감사의 인사를 하지 않고, 신에게 감사의 인사를 해서야 나는 보람이 없잖아.'

6

그 다음날도 곤은 밤을 가지고 효쥬 집으로 갔습니다. 효쥬는 창고에서 새끼를 꼬고 있었습니다. 그래서 곤은 집 뒷문으로 몰래 안으로 들어갔습니다.

---

14 ~てやる　~해 주다 [동사 て형+やる]
　말하는 사람이 동물, 식물, 아랫사람에게 '무엇을 해주다'라는 뜻을 나타낸다.

　　私が君(きみ)のかわりに運転(うんてん)してやるから、心配(しんぱい)しなくていいよ。 내가 너 대신 운전해 줄 테니까, 걱정 안 해도 돼.

そのとき、兵十は、ふと顔を上げました。と、きつねがうちの中へ入ったではありませんか。こないだ、うなぎをぬすみやがったあのごんぎつねめが、またいたずらをしに来たな。

「ようし。」

　兵十は立ち上がって、なやにかけてある火なわじゅうを取って、火薬をつめました。

　そして、足音をしのばせて近よって、今、戸口を出ようとするごんを、ドンとうちました。ごんは、ばたりとたおれました。兵十はかけよってきました。

그때 효쥬는 문득 고개를 들었습니다. 그러자 여우가 집 안으로 들어온 것이 아니겠습니까? 지난번 뱀장어를 훔쳐 도망간 그 곤이란 여우놈이 또 장난치러 왔구나.

"좋~아."

효쥬는 일어서서 헛간에 걸어 두었던 화승총을 꺼내 화약을 채웠습니다.

그리고 발소리를 죽여 가까이 다가가 지금 대문을 나가려는 곤을 탕~ 하고 쏘았습니다. 곤은 털썩 쓰러졌습니다. 효쥬는 달려갔습니다.

- こないだ 지난번, 요전 〈このあいだの회화체〉
- ぬすむ 훔치다
- ～やがる 경멸·증오·조롱 등의 감정을 담아 상대의 동작을 이르는 말
- 立(た)ち上(あ)がる 일어서다, 솟아오르다
- なや 헛간, 곳간, 창고
- 火(ひ)なわじゅう 화승총
- 火薬(かやく) 화약
- つめる 채우다, 담다, 채워 넣다
- 足音(あしおと) 발소리
- しのばせる (모습이나 소리를) 숨기다, 죽이다
- ドン 탕, 쿵
- うつ (총 등을) 쏘다
- ばたり (사람이나 물건이 별안간 넘어지는 모양이나 소리) 탁, 툭, 털썩
- たおれる(倒れる) 쓰러지다, 넘어지다
- かけよる 달려가(오)다

うちの中を見ると、土間にくりが、固めて置いてあるのが、目につきました。

「おや。」

と、兵十は、びっくりして、ごんに目を落としました。

「ごん、おまえだったのか。いつもくりをくれたのは。」

ごんは、ぐったりと目をつぶったまま、うなずきました。

兵十は、火なわじゅうを、ばたりととり落としました。青いけむりが、まだ、つつ口から細く出ていました。

집 안을 보니 봉당에 밤이 한 무더기 놓여 있는 것이 눈에 들어왔습니다.
　"아니."
하며 효쥬는 깜짝 놀라 곤에게 시선을 떨구었습니다.
　"곤, 너였냐? 항상 밤을 준 것이."
　곤은 축 늘어져 눈을 감은 채 고개를 끄덕였습니다.
　효쥬는 화승총을 털썩 하고 떨어뜨렸습니다. 푸른 연기가 아직 총부리에서 가늘게 나오고 있었습니다.

- 土間(どま) 봉당(실내에서 마루를 놓지 않고 흙바닥을 그대로 둔 곳)
- 固(かた)める 다지다, 굳히다, 한데 모으다
- 目(め)につく 눈에 띄다, 돋보이다
- おや (놀람을 나타내는 감탄사) 어, 아니, 저런
- 目(め)を落(お)とす 시선을 떨구다
- おまえ(お前) 너, 자네
- ぐったり 녹초가 됨, 축 늘어짐
- つぶる (눈을) 감다
- うなずく 수긍하다, 고개를 끄덕이다
- とり落(お)とす 떨어뜨리다, 놓치다
- けむり 연기
- つつ口(ぐち) (총포·호스 등의) 끝, 부리

✓ CHECK UP

지금까지 「ごんぎつね」에서 익힌 표현들을 모았습니다.
내용을 상기하면서 풀어보고, 일반 회화에도 응용해 보기 바랍니다.

1 다음의 ~(ら)れる 용법에 주의해 문장을 해석해 보세요.

❶ 吉田社長は今朝、外国へ行かれました。
   →

❷ 私は母にしかられました。
   →

❸ 私はおさない時、親に死なれました。
   →

❹ この写真から、当時のひさんな光景が感じられます。
   →

[ひさんだ 비참하다]

2 다음 밑줄 친 부분을 일본어로 작문해 보세요.

❶ 그 작은 금방이라도 무너질 것 같은 집 안에는 많은 사람이 있었다.
   →

❷ 신사에 깃발이 올라갈 터이다.
   →

❸ 어머니가 먹고 싶다고 말했음에 틀림 없어.
   →

❹ 그 다음날에는 밤뿐만 아니라 송이버섯도 가지고 갔다.
   →

3 다음 중 본문의 내용과 일치하는 것을 모두 고르세요. (　　　　　　)

① ごんは兵十のお母さんに毎日くりとまつだけを持っていった。

② ごんのせいで兵十はお母さんにうなぎを食べさせることができなかった。

③ この町では秋祭りの準備をしている。［準備 준비］

④ 兵十のお母さんのそう式をした。

4 다음 보기와 같이 주어진 동사를 활용해 문장을 완성하세요.

> 보기　　患者は医者に薬を<u>飲まされました</u>。［飲む］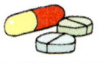

❶ 木村さんは奥さんに赤いシャツを
　　_____。［着る］

❷ 佐藤さんは田中さんに書類を
　　_____。［作る］

❸ 学生は日曜日なのに先生に学校まで
　　_____。［来る］

❹ 子どもはお母さんに食べたくないにんじんを
　　_____。［食べる］

雨の夜のるすばん

川村たかし
かわむら

その日も小雨*がふりつづいていました。
　　ひ　　こさめ

　雨は数日前から、山あいの村をすっぽりとおお
　　　すうじつまえ　　やま　　　　むら

いつくして、農家は、一年でいちばんいそがしい季
　　　　　　のうか　　いちねん　　　　　　　　　　　き

節をむかえていました。
せつ

- るすばん(留守番) 빈집을 지킴 ↔るす 집을 비움
- 小雨(こさめ) 이슬비, 가랑비
- 数日前(すうじつまえ) 며칠 전
- 山(やま)あい 산골짜기, 산간
- すっぽり (푹 뒤집어 쓴 모양) 푹
- おおいつくす(覆い尽くす) 다 뒤덮어 버리다
- 農家(のうか) 농가
- 季節(きせつ) 계절
- むかえる 맞다, 맞이하다

비오는 밤 집 보기

카와무라 타카시

그날도 이슬비가 계속 내리고 있었습니다.
　비는 며칠 전부터 산골짜기 마을을 온통 뒤덮었고, 농가는 일년 중 가장 바쁜 계절을 맞이하고 있었습니다.

★　**春雨**(はるさめ) 봄비　　**秋雨**(あきさめ) 가을비

うら作の麦をかり取り、たまねぎやじゃがいもを取り入れるのは、晴れた日の仕事。田んぼに水をはって土をこね、さなえを植えつけるのは、雨がやってきてからの仕事。

　田植えでいそがしいのは、人だけではありません。たがやす牛たちも、きつい仕事のためにやせこけて、うき出したあばらぼねがいたいたしいほどです。

　やがて、日がくれました。

　それでも、田植えに出かけたはずの父さんも母さんも帰ってきません。

- うら作(さく) 뒷갈이
- かり取(と)る 수확하다, 거두다
- たまねぎ 양파
- じゃがいも 감자
- 取(と)り入(い)れる (농작물 등을) 거두어들이다, 수확하다
- 田(た)んぼ 논
- 水をはる 물을 가득 채우다
- こねる 이기다, 반죽하다
- さなえ 볏모
- 植(う)えつける (묘목을) 심다, 모내기하다
- 田植(たう)え 모내기
- たがやす (논밭을) 일구다, 경작하다
- きつい 심하다, 고되다
- ～ために ～때문에
- やせこける 몹시 마르다, 앙상해지다
- うき出(だ)す 도드라져 보이다, 표면에 떠오르다
- あばらぼね 갈비뼈
- いたいたしい 애처롭다, 불쌍하다
- やがて 이윽고, 머지않아
- 日(ひ)がくれる 해가 지다

뒷갈이 보리를 수확하고 양파랑 감자를 거둬들이는 것은 맑게 개인 날 하는 일. 논에 물을 대고 흙을 갈아 모내기를 하는 것은 비가 오고 나서 하는 일.

모내기로 바쁜 것은 사람뿐만이 아닙니다. 논을 가는 소들도 힘든 일 때문에 앙상하게 말라 툭 튀어나온 갈비뼈가 애처로울 정도입니다.

이윽고 해가 저물었습니다.

그래도 모내기 하러 나갔을 아버지도 어머니도 돌아오지 않습니다.

るすばんをするぼくと弟は、何度も表に出ては、雨の向こうをのぞきこみました。けれども、荷車の帰ってくる様子はありません。

　おふろはとっくにわいていました。

　ピッチピッチと、土間のかたすみで雨もりがつづいています。

「はらへったなあ。」

と、弟がそっとよってきました。

「平気、平気。」

　ぼくは、強がりを言いました。

집을 보는 나와 동생은 몇 번이나 집 밖으로 나와서는 비가 내리는 저편을 목을 길게 빼고 살펴보았습니다. 하지만 짐수레가 돌아오는 모습은 없습니다.

목욕물은 벌써 데워졌습니다.

똑똑 하고 봉당 한구석에서 비가 계속 새고 있습니다.

"배고파아~."

하고 동생이 살짝 옆으로 다가왔습니다.

"괜찮아, 괜찮아."

나는 큰소리쳤습니다.

- □ 表(おもて)　바깥쪽, 집 앞, 문 밖
- □ のぞきこむ　목을 길게 빼고 들여다보다
- □ けれども　하지만
- □ 荷車(にぐるま)　짐수레
- □ 様子(ようす)　모습, 상황, 낌새
- □ おふろ　목욕탕, 목욕물
- □ とっくに　훨씬 전에
- □ わく　끓다, 뜨거워지다
- □ ピッチピッチ　(비가 새어 떨어지는 소리) 똑똑
- □ かたすみ　한쪽 구석, 한구석
- □ 雨(あま)もり　비가 샘, 또는 그 빗물
- □ はら(が)へる　배가 고프다 〈주로 남자들이 씀〉
- □ よる　다가오다, 가까이 오다
- □ 平気(へいき)だ　태연하다, 아무렇지 않다
- □ 強(つよ)がり　허세를 부림, 큰소리침

105

「平気やけど、おかゆでもたいとこうか。」

「うん、昼の残りめしはひゃっこいし。」

弟もさんせいです。

雨にぬれて帰ってくるにちがいない両親に、熱いおかゆをたいておくのは、すてきな思いつきでした。どうして今まで気がつかなかったのでしょう。

さっそく取りかかりました。やり方は、わかっているつもりでした[1]。

米びつの中には、大・中・小の三種類のますが入っていました。まず、大きなますで二はい*量りました。

- ～やけど　～(하)지만 ⟨～だけど의 방언⟩
- おかゆ　죽
- たく　(밥을) 짓다
- ～とこうか　～해 둘까? ⟨～ておこうか의 회화체⟩
- 残(のこ)りめし　남은 밥
- ひゃっこい　차갑다
- ～し　～(하)고
- さんせい(賛成)　찬성
- ぬれる　젖다
- 熱(あつ)い　뜨겁다
- すてきだ　멋지다, 훌륭하다
- 思(おも)いつき　문득 떠오른 생각, 착상
- 気がつく　생각이 들다, 생각이 미치다
- 取りかかる　시작하다, 착수하다
- やり方(かた)　하는 방법
- 米(こめ)びつ　쌀통, 뒤주
- 種類(しゅるい)　종류
- ます　(곡물 등을) 담는 그릇, (재는 단위) 되
- 量(はか)る　(무게, 길이, 양을) 재다

"괜찮기는 한데, 죽이라도 쑤어 놓을까?"
"응, 점심 먹고 남은 밥은 식었고."
동생도 찬성입니다.
비에 젖어 돌아올 것이 분명한 부모님에게 따뜻한 죽을 미리 쑤어 놓는 것은 훌륭한 생각이었습니다. 어째서 지금까지 생각이 미치지 않았던 것일까요?
당장 만들기 시작했습니다. 만드는 방법은 알고 있다고 생각했습니다.
쌀통 안에는 대·중·소의 세 종류의 되가 들어 있었습니다. 우선 큰 되로 두 번 펐습니다.

1 ～つもりだ ～한 셈이다
[동사 た형·ている, い형용사의 보통형, な형용사나, 명사의 +つもり]
실제로는 그렇지 않을 수도 있으나 자신은 그렇게 생각한다는 의미를 나타낸다.

彼の事をわかっているつもりで、実は何もわかっていなかった。
그를 안다고 생각했는데, 실은 아무것도 알지 못했다.

★ ～はい(杯) ～잔, ～그릇 (그릇에 담는 것을 세는 조수사)

いっぱい 한 잔(그릇)   さんばい 세 잔(그릇)   ろっぱい 여섯 잔(그릇)
はっぱい 여덟 잔(그릇)   じゅっぱい 열 잔(그릇)   なんばい 몇 잔(그릇)

二はい目は、ますがそこをかすりました。見ている弟が首をかしげました。

「母さんはたしか三ばい量ってたよ。どのますやったかなあ。」

「そか、そういえば少ないかな。ようし、おまけして中ますをもう一ぱい。」

弟も乗り出して、

「ついでや兄ちゃん。ちっこいますも一ぱい入れたってよ。」

「よしきた、がってん。」

- かする 가볍게 스치고 지나가다, 긁듯이 하여 푸다
- 首(くび)をかしげる 고개를 갸웃거리다
- たしか 분명, 틀림없이
- ～やった ～였다 〈～だった의 방언〉
- そか 그런가? 〈そうか의 줄임말〉
- ようし 좋아, 자
- おまけ 덤
- 乗(の)り出(だ)す 적극적으로 나서다(거들다)
- ついで 뒤이어, 계속해서
- ～や ～은, ～는 〈조사 は의 방언〉
- ちっこい 작다
- よしきた (승낙이나 결의를 나타내는 말) 알았어, 좋아
- がってん 승낙, 수긍함, 동의

두 번째는 쌀 되가 바닥을 긁었습니다. 보고 있던 동생이 고개를 갸우뚱했습니다.

"엄마는 분명 세 번 펐었어, 어떤 되였을까?"
"그래? 그러면 적으려나? 좋아, 덤으로 중간 되를 한번 더."
동생도 적극적으로 거들며,
"하는 김에 형. 작은 되도 한번 퍼 줘."
"좋아, 알았어."

水をはったかまを持ち上げるのは大仕事でした。おしまいに、あつさが三センチもあるがんじょうなふたをのせて、

「はい、できあがり。」

ぼくらはうきうきとかまどの前にすわって、火をおこしました。あとは待つだけです。

にえたつころ、塩をひとつまみ入れて、火を落とす。ぼくの知っているのは、それだけです。

「あとは、おかずやなあ。」

- ☐ 水(みず)をはる 물을 가득 담다
- ☐ かま 솥
- ☐ 持(も)ち上(あ)げる 들어 올리다, 일으키다
- ☐ 大仕事(おおしごと) 품이 많이 드는 일, 중요한 일
- ☐ おしまいに 끝으로, 마지막으로
- ☐ あつさ(厚さ) 두께
- ☐ センチ 센티미터(cm)
- ☐ がんじょうだ 튼튼하다
- ☐ ふたをのせる 뚜껑을 덮다, 덮개를 덮다
- ☐ できあがり 다 됨, 완성
- ☐ うきうき (마음이 들뜬 모양) 들떠서, 신나서
- ☐ かまど 부뚜막
- ☐ 火(ひ)をおこす 불을 지피다
- ☐ あと (공간상) 뒤, (시간상) 나중, 다음
- ☐ にえたつ 끓어오르다, 펄펄 끓다
- ☐ ～ころ ～무렵, ～쯤
- ☐ 塩(しお) 소금
- ☐ ひとつまみ 손가락으로 집은 분량, 소량, 약간
- ☐ 火(ひ)を落(お)とす 불을 끄다
- ☐ おかず 반찬
- ☐ ～や ～(이)다 〈단정의 조동사 ～じゃ가 변한 형태로 관서지방에서 쓰임〉

물을 가득 채운 솥을 들어 올리는 것은 힘든 일이었습니다. 마지막으로 두께가 3센티미터나 되는 튼튼한 덮개를 얹고,

"자, 다 됐다."

우리들은 신이 나서 부뚜막 앞에 앉아서 불을 지폈습니다. 이제 기다리기만 하면 됩니다.

끓어오를 즈음 소금을 조금 넣고 불을 끈다. 내가 알고 있는 것은 그것뿐입니다.

"다음은 반찬이네."

ぼくはうでまくりしました。たなににしんのひものが四、五本のっているのを知っていました。

取り入れたばかり[2]のじゃがいもとたまねぎを、にしんといっしょに、につける。おいしそう。ぼくはつばを飲みこみました。

「なあ兄ちゃん、そうじもやっとこうよ。」

さあ、それから、ぼくらはにわかにいそがしくなりました。

取りかかって二十分もたったでしょうか。弟がのどにひっかかったような声で、ぼくをよびました。

- □ うでまくり 소매를 걷어 붙임
- □ たな 선반
- □ にしん 청어
- □ ひもの 건어물, 포
- □ のる 얹히다, 위에 놓이다
- □ 取(と)り入(い)れる 수확하다, 거두어들이다
- □ じゃがいも 감자
- □ たまねぎ 양파
- □ ～といっしょに ～와 함께
- □ につける 조리다, 푹 끓이다
- □ つば 침
- □ 飲(の)みこむ 삼키다
- □ やっとこう 해 두자 〈やっておこう의 회화체〉
- □ にわかに 갑자기, 돌연, 별안간
- □ たつ(経つ) (시간이) 지나다, 흐르다, 경과하다
- □ のど(喉) 목, 목구멍
- □ ひっかかる 걸리다
- □ よぶ(呼ぶ) 부르다

나는 팔을 걷어붙였습니다. 선반에 청어 말린 것이 네다섯 마리가 놓여 있는 것을 알고 있었습니다.

이제 막 수확한 감자와 양파를 청어와 함께 조린다. 맛있을 것 같다. 나는 침을 삼켰습니다.

"저기 형~, 청소도 해 놓자."

자, 그리고 나서 우리들은 갑자기 바빠졌습니다.

시작해서 20분이나 지났을까요?

동생이 목에 무엇인가 걸린 듯한 목소리로 나를 불렀습니다.

2 ～たばかりだ 막 ～하다 [동사 た형+ばかりだ]
동작이나 일이 막 끝난 직후를 나타낸다.

私は今年の3月、日本へ来ました。まだ、来たばかりです。
나는 올해 3월에 일본에 왔습니다. 아직 온 지 얼마 되지 않습니다.

ふり返ると、

「ふたが、ふたが。」

と指さしながら、小さくふるえています。

「だれもさわれへんのに、かまのふたがすすっと動いた。」

ぼくのせなかを、つめたい水のようなものが、つっと走りました。が、ここは一年生をおびえさせてはなりません。

- ふり返(かえ)る 뒤돌아보다, 돌아다보다
- 指(ゆび)さす (손가락으로) 가리키다
- ふるえる 떨리다, 흔들리다
- さわれへん 손을 대지 않다, 접촉하지 않다 ＝さわらない
- 〜へん 〜(하)지 않다 〈〜ない의 관서지방 방언〉
- すすっと 스윽
- つっと 쏙, 갑자기, 느닷없이
- 走(はし)る 달리다, 빨리(세차게) 흐르다
- が 하지만, 그러나
- おびえさせる 놀라게 하다 〈おびえる의 사역형〉

돌아보니,
"뚜껑이, 뚜껑이."
하고 손가락으로 가리키면서 조금 떨고 있습니다.
"아무도 안 만졌는데, 솥뚜껑이 스~윽 움직였어."
내 등을 찬물 같은 것이 쓱 흘렀습니다. 하지만, 여기서 1학년생을 놀라게 해서는 안 됩니다.

「心配すんな、まかせとけ。」

のぞきこんだぼくは、あんぐりと口を開けました。ぎっしりふくれあがった米つぶが、ふたをおし上げているのです。

「ちょっと米が多かったかな。おわんを持ってこい。」

ぼくは半にえの米を、二はい三ばいと、ざるにすくい取りました。それから、初めのように水をはって、ふたをのせました。

「さあ、もう心配はいらんぞ。」

- 心配(しんぱい) 걱정
- ～すんな ～하지 마〈するな의 회화체〉
- まかせる 맡기다
- あんぐり(と) (입을 크게 벌린 모양) 쩍, 딱
- 口(くち)を開(あ)ける 입을 벌리다
- ぎっしり (빈틈없이 차 있는 모양) 가득, 꽉, 빽빽이
- ふくれあがる 부풀어 오르다, 크게 부풀다
- 米(こめ)つぶ 밥알, 쌀알
- おし上(あ)げる 밀어 올리다, 들어 올리다
- おわん 밥그릇
- 半(はん)にえ 설익음, 덜 익음
- ざる 소쿠리
- すくい取(と)る 퍼내다
- いらん 필요 없다〈いらない의 회화체〉
- いる(要る) 필요하다

"걱정하지 마, 맡겨둬."

가까이 들여다보던 나는 쩍 하고 입을 크게 벌렸습니다. 잔뜩 부풀어 오른 밥알이 덮개를 밀어 올리고 있는 것입니다.

"쌀이 좀 많았었나? 밥그릇을 갖고 와."

나는 아직 설익은 쌀을 두 그릇, 세 그릇이나 소쿠리에 퍼냈습니다. 그리고 나서 처음처럼 물을 붓고 뚜껑을 덮었습니다.

"자, 이제 걱정할 필요 없어."

ところが、また何分かすぎたころ、

「兄ちゃん。」

と、弟はせっぱつまった声でよびます。

「またや、また走った。」

「走ったやて？」

ふたを取ってみました。米をすくい出したあとのくぼみはほとんどふさがり、やっぱりふくらんだ米があふれ出そうです。

ぼくらはしいんとして、顔を見合わせました。うす気味悪いかまでした。

- ところが 그런데
- せっぱつまる 막다르다, 궁지에 몰리다, 다급해지다
- すくい出(だ)す 퍼내다
- くぼみ (움푹) 팬 곳
- ふさがる 막히다, 메다, 가득 차다
- やっぱり 역시, 예상대로, 마찬가지로
- ふくらむ 부풀다, 불룩해지다
- あふれ出(で)る 흘러 넘치다
- しいんとして 아주 조용히, 쥐 죽은 듯이
- 見合(みあ)わせる 마주보다, 비교하다
- うす気味(きみ)悪(わる)い 어쩐지 기분이 나쁘다, 기분이 으스스하다

그런데 또 다시 몇 분인가 지났을 쯤,
"형."
하며 동생은 다급한 목소리로 부릅니다.
"또, 또 튀어 올랐어."
"튀어 올랐다고?"
뚜껑을 열어 보았습니다. 쌀을 퍼내고 난 후 움푹 패었던 곳은 거의 채워져 역시 부푼 쌀이 흘러 넘칠 것 같습니다

우리들은 아주 조용히 서로 얼굴을 마주보았습니다. 어쩐지 기분이 나쁜 솥이었습니다.

どうしよう。

ぼくは自分のまよいをたち切るように、半にえのおかゆをざるの中へ、ごかごかとすくい出しました。あとに、まんまんと水をはりました。

もう、おかずどころではありません[3]。弟はふるえながら、ぼくにしっかりつかまっています。

「だいじょうぶやろうか。」

「決まってるがな。」

それでも気になるので、ぼくはふたを持ち上げて、中をのぞこうとしました。が、そうっと元にもどしました。

- まよい 헤맴, 헷갈림, 분간을 못함
- たち切(き)る 끊다, 자르다, 차단하다
- ごかごか 푹푹
- まんまん(と) 가득한 모양
- しっかり 〈견고하고 튼튼한 모양〉단단히, 꽉
- つかまる 꼭 붙잡고 매달리다
- ～やろうか ～일까? 〈～だろうか의 방언〉
- 決(き)まってる 당연하다 〈決まっている의 회화체〉
- もどす(戻す) 되돌리다

어떡하지?

나는 나의 갈등을 과감히 끊으려고 설익은 죽을 소쿠리 안에 푹푹 퍼냈습니다. 그리고 가득 물을 부었습니다.

이제 반찬을 만들고 있을 때가 아닙니다. 동생은 벌벌 떨면서 나에게 착 달라붙어 매달렸습니다.

"괜찮을까?"

"당연하지."

그래도 신경이 쓰여 나는 뚜껑을 집어 들고 안을 들여다보려 했습니다. 하지만, 슬쩍 원래대로 되돌려 놓았습니다.

3　～どころではない　～할 처지가 되지 못하다
　　[동사 기본형, 명사+どころではない]
　　상황이나 형편상 그 일을 할 만한 처지가 아니라는 뜻을 나타낸다.
　　忙しくて旅行(りょこう)どころではない。 바빠서 여행을 갈 상황이 아니다.

「どうしたの、兄ちゃん。」

返事のしようがありませんでした。米はやっぱりかまの口近くまで、ぎっしりつまっていたのです。

もう、できそこないのおかゆをすくい出す勇気はありませんでした。がまんもここまででした。

弟はだっと表の方へとび出していきました。ぼくも後を追いました。

「おうい。」

「帰ってこいよう。」

つめたいなみだが、ぼろぼろとほおを伝いました。ぼくらは泣きながらさけびました。

"왜 그래? 형."

대답할 수가 없었습니다. 쌀은 역시 솥 주둥이 가까이까지 빽빽이 가득 차 있었던 것입니다.

이제 덜된 죽을 퍼낼 용기는 없었습니다. 참는 것도 여기까지였습니다.

동생은 쏜살같이 밖으로 뛰어갔습니다. 나도 뒤를 따라갔습니다.

"어~이!"

"돌아와요."

차가운 눈물이 뚝뚝 뺨을 타고 흘러 내렸습니다. 우리는 울면서 소리쳤습니다.

- 返事(へんじ) 대답, 답장
- しようがない 할 수 없다, 어쩔 수 없다
- つまる 가득 차다
- できそこない 덜됨, 잘못됨
- 勇気(ゆうき) 용기
- がまん 참음, 견딤, 인내
- だっと (매우 빠른 것에 비유) 쏜살같이
- 追(お)う 쫓다, 따르다, 뒤쫓아가다
- つめたい 차갑다
- なみだ(涙) 눈물
- ぼろぼろ (부서진 것이나 알갱이 모양의 것이 흩어져 떨어지는 모양) 뚝뚝
- ほお 볼, 뺨
- 伝(つた)う 무엇을 따라 옮겨 가다, 타고 가다
- さけぶ(叫ぶ) 외치다

123

「帰ってきてよう。」

「おうい。」

その声は、二百メートルほどはなれた坂の下の田んぼにまでとどいていたそうです。でも、よほどのことがないかぎり[4]、田植えはとちゅうでやめるわけにはいきません[5]。

父さんと母さんは、まるで田んぼを相手にけんかでもするように、か細いさなえをガッガッとどろ土にさしこんでいたそうです。

どれほどたったでしょうか。

- メートル 미터(m)
- はなれる 떨어지다, 벌어지다, 멀어지다
- とどく 닿다, 이르다, 달하다
- よほど 어지간히, 상당히, 무척
- やめる 그만두다
- まるで 〜ように 마치 〜처럼(같이)
- 相手(あいて) 상대
- けんか 싸움
- か細(ぼそ)い 연약하다
- ガッガッ 팍팍, 쏙쏙, 쑥쑥
- どろ土(つち) 진흙
- さしこむ 꽂다, 찔러 넣다

"돌아와요!"

"어~이!"

그 목소리는 200미터 정도 떨어진 언덕 아래 논에까지 들렸다고 합니다. 하지만, 어지간한 일이 아니고서는 모내기는 도중에 멈출 수는 없습니다.

아버지와 어머니는 마치 논을 상대로 싸움이라도 하듯이 가냘픈 볏모를 쏙쏙 진흙에 찔러 넣고 있었다고 합니다.

얼마나 지났을까요?

4 　~ないかぎり 　~(하)지 않는 한, ~가 아닌 이상 [동사 ない형+ないかぎり]
　　조건에 합당한 어떤 일이 일어나지 않는 한 결코 ~할 수 없다는 뜻을 나타낸다.

　　彼はよほどの事でないかぎりがまんする。 그는 어지간한 일이 아닌 한 참는다.

5 　~わけにはいかない 　~할 수는 없다 [동사 기본형+わけにはいかない]
　　상식이나 일반적 사회 통념, 과거의 경험으로 판단할 때 '~할 수 없다'는 이유를 나타낸다. 부정 표현은 ~ないわけにはいかない (~하지 않을 수 없다)이다.

　　今さらやめるわけにはいかない。 이제 와서 그만둘 수 없다.

やがて荷車を牛に引かせた父さんと母さんが帰ってきました。とっくに八時をすぎていました。

母さんが入ってきました。家の中は、いっぺんにあたたかくなりました。

「えらいことしてしもうたんよ。」

弟は、かまどの方を指さしました。やっぱり半にえのおかゆが、ふたの下からふつふつと顔をのぞかせています。

柱のかげで小さくなっていたぼくも、おそるおそる出ていきました。こっぴどくしかられるのは、かくごのうえ[6]でした。

- 引(ひ)かせる 끌게 하다 〈引く의 사역형〉
- とっくに 훨씬 전에, 이미
- すぎる 지나다, 통과하다
- いっぺんに 한번에, 한꺼번에, 동시에
- えらい 훌륭하다, 장하다, 뜻밖이다
- ～しもうた ～해 버렸다 〈～しまった의 방언〉
- ふつふつ 〈끓는 모양〉 펄펄, 부글부글
- のぞかせる 엿보게 하다 〈のぞく의 사역형〉
- 柱(はしら) 기둥
- かげ 그늘, 뒤, 배후
- おそるおそる (겁내거나 황송해하는 모양) 조심조심, 쭈뼛쭈뼛
- こっぴどい 호되다, 따끔하다
- しかられる 꾸중듣다 〈しかる의 수동형〉
- かくご(覚悟) 각오

이윽고 소에게 짐수레를 끌려 아버지와 어머니가 돌아왔습니다. 벌써 8시를 지나 있었습니다.

어머니가 들어왔습니다. 집 안은 단번에 따뜻해졌습니다.

"엉뚱한 일을 저질러 버렸어요."

동생은 솥 쪽을 손가락으로 가리켰습니다. 역시 설익은 죽이 뚜껑 아래에서 부글부글 하며 얼굴을 슬쩍 내보이고 있습니다.

기둥 뒤에서 움츠리고 있던 나도 쭈뼛쭈뼛 나와 다가갔습니다. 호되게 꾸중들을 것은 각오하고 있었습니다.

6 　~のうえだ　~한 상태이다, ~한 바이다　[명사+のうえだ]
　　어떤 상태에 놓여 있는 특별한 경우에 책임이나 각오 등을 나타내는 표현이다.

　　もうあとがないことは充分承知(しょうち)のうえだが。
　　이제 물러설 데가 없다는 것은 충분히 알고 있는 바이지만.

「失敗や、かんにん。食べられへんおかゆ、たいてしもうた。」

その時、ふいにぼくらはだきよせられました。

「二人ともありがとう。ようたいてくれた。失敗？ああ、母さんにはうれしい失敗や。」

母さんは目を赤くして、ぼくらの前にしゃがみこむと、もう一度、いきがつまるほど、だきしめました。雨にぬれた母さんはしめった土のにおいが立ちこめていました。

- **失敗**(しんぱい) 실패
- **かんにん** 화를 참고 용서함, 남의 과실을 용서함, 참음, 인내
- **ふいに** 느닷없이, 갑자기, 돌연히
- **だきよせる** 자기 쪽으로 끌어 안다
- **～とも** 함께, 모두, 전부
- **よう** 잘〈よく의 방언〉
- **～てくれる** ~해 주다
- **しゃがみこむ** 웅크리고 앉다, 털썩 주저앉다
- **息**(いき)**がつまる** 숨이 막히다
- **だきしめる** 부둥켜안다, 꼭 껴안다
- **ぬれる** 젖다
- **しめる** 축축해지다, 눅눅해지다, 습기가 차다
- **立**(た)**ちこめる** (연기・안개 등이) 자욱이 끼다, 가득하다

"망쳤어요. 용서해 주세요. 먹을 수 없는 죽을 쑤고 말았어요."
그때, 느닷없이 우리들은 품에 끌어안겨졌습니다.
"둘 다 고맙다. 잘 쑤어 주었구나. 망쳐? 아유~, 엄마에게는 고마운 실패 란다."

엄마는 눈이 빨개져서 우리들 앞에 털썩 주저앉아 다시 한번 숨이 막힐 정도로 꼭 안아주었습니다. 비에 젖은 엄마에게서 눅눅한 흙 냄새가 물씬 풍겼습니다.

そこへ、牛の世話をすませた父さんがやってきました。父さんは様子が*わかると、あははとわらいました。

「半にえのおかゆも、たまにはええやんか。」

できそこないのおかゆは、それから二、三日の間、ぼくらをなやませました。いくらたき直しても、ずわずわのおかゆの、まずいことまずいこと。

あのときの大きなますは、一・八リットルを量るますでした。ぼくらは七、八倍もの米でおかゆをたこうとしていたのです。

- すませる　끝내다, 마치다
- あはは　(웃음소리) 하하하
- たまに　간혹, 어쩌다가, 이따금
- ええやんか　좋지 않은가? 〈いいじゃないかの 방언〉
- それから　그리고, 그리고 나서
- なやませる　괴롭히다, 고민하게 하다 〈なやむ의 사역형〉
- いくら〜ても　아무리 〜해도, 아무리 〜하더라도
- たき直(なお)す　다시 끓이다, 다시 (밥을) 짓다
- ずわずわ　끈적끈적한 모양
- まずい　맛이 없다
- 〜こと　감동이나 완곡한 단정을 나타냄
- リットル　(미터법의 단위) 리터
- 〜倍(ばい)　〜배

그때 소를 다 돌본 아버지가 들어왔습니다. 아버지는 상황을 알아차리자 아하하 하며 웃었습니다.

"설익은 죽도 가끔은 좋지 않아?"

덜된 죽은 그 후로 2, 3일 동안 우리들을 고민스럽게 했습니다. 아무리 다시 끓여도 설컹거리는 죽의 맛없음이란 맛없음이란.

그때의 큰 되는 1.8리터를 담을 수 있는 되었습니다. 우리들은 7, 8배나 되는 쌀로 죽을 쑤려고 했던 것입니다.

★ 조사 「が」와 함께 쓰는 표현

~が好きだ   ~을(를) 좋아하다　　~がきらいだ   ~을(를) 싫어하다
~が上手だ   ~을(를) 잘 하다　　　~が下手だ   ~을(를) 못하다
~が得意だ   ~을(를) 잘 하다, 능숙하다　~がほしい   ~을(를) 갖고 싶다
~ができる   ~이(가) 가능하다　　~が分かる   ~을(를) 이해하다
~が要る   ~이(가) 필요하다

私はフランス語が分かる。 나는 프랑스어를 안다.
私は新しい車がほしいです。 나는 새차를 갖고 싶습니다.

 **CHECK UP** 지금까지 「雨の夜のるすばん」에서 익힌 표현들을 모았습니다.
내용을 상기하면서 풀어보고, 일반 회화에도 응용해 보기 바랍니다.

1 다음 문장을 우리말로 옮겨 보세요.

❶ 田植えに出かけたはずの父さんも母さんも帰ってきません。

→ _____

❷ おかゆの作り方はわかっているつもりでした。

→ _____

❸ もう、おかずどころではありません。

→ _____

❹ よほどのことがないかぎり、田植えの途中でやめるわけにはいきません。

→ _____

2 다음 중 본문의 내용과 일치하면 ○표, 일치하지 않으면 ×표를 하세요.

❶ 家の留守番は3人兄弟がしている。(   )

❷ 留守番をする子供たちは、親の帰りを待ちながらおかゆを作りました。(   )

❸ おかゆは成功して、お母さんはよろんで涙を流しました。(   )
　　　　せいこう
［涙を流す 눈물을 흘리다 ］

❹ この家族はおかゆを二、三日続けて食べました。(   )

3 다음 문장을 「～かかる」에 유의하여 우리말로 옮겨 보세요.

❶ その本を読むのに時間がかかりました。

→ _____

❷ 田中さんは５分前から新聞を読みかかっています。

→ _____

❸ お姉さんは夕食の準備に取りかかっていました。

→ _____

❹ 新しい仕事に取りかかる。

→ _____

4 다음 문장을 전문의 「そうだ」를 넣어 바꾸어 보세요.

❶ きのうの宴会はとてもにぎやかだった。［宴会 연회］

→ _____

❷ 先生の話によると、今回の英語の試験は難しい。

→ _____

❸ 昔、ここで大きな声でさけぶと山の下まで聞こえた。

→ _____

❹ となりの朴さんは会社員だ。

→ _____

CHECK UP 해답

해답 및 번역도 함께 실었습니다.

春の歌

1
① 人が笑っている。| 사람이 웃고 있다.
② 戦争が起こっている。| 전쟁이 일어났다.
③ 人が集まっている。| 사람이 모여 있다.
④ お湯がわいている。| 물이 끓었다.

2
① 커다란 구름이 움직여 온다.
② 이 작품은 100년 이상 사람들에게 읽혀져 왔다.
③ 봄이 되면 산의 눈도 녹기 시작한다.
④ 최근, 아이들이 점점 줄고 있다.

黄色いボール

1
① 勉強しておい
| 다음주, 시험이 있어서 미리 공부해 두었다.
② 帰ったところ
| 여보세요, 저예요. 응, 지금 막 돌아온 참이에요.
③ 降ったばかり
| 밖을 보니 비가 방금 내린 것처럼 흙이 조금 젖어 있습니다.
④ さむいそう
| 내일 날씨는 조금 춥다고 합니다.

2
① × | 켄짱이 이사할 때 타로도 함께 가게 되었다.
② × | 켄짱은 쿄토로 이사하게 되었다.
③ ○ | 타로는 켄짱과 비슷한 나이의 여자아이와 새로 살게 되었다.
④ ○ | 아빠의 노란 공을 타로는 지금도 갖고 있다.

3 ❶ 歩いている | 나는 산을 걷고 있다.
   ❷ 来るところではない
      | 병이 난 유코는 오늘 학교에 올 상황이 아니다.
   ❸ 起きました
      | 어제 밤 늦게 잤습니다만, 오늘 아침 6시에 일어났습니다.

4 ❶ 僕をおどろかそうとする。
   ❷ 私にミルクを飲ませようとする。
   ❸ 今から数学の勉強をするつもりだ。
   ❹ 週末には映画を見る予定だ。

ごんぎつね

1 ❶ 요시다 사장님은 오늘 아침 외국에 가셨습니다.
   ❷ 나는 어머니에게 꾸중을 들었습니다.
   ❸ 나는 어릴 적 부모님을 잃었습니다.
   ❹ 이 사진에서 당시의 비참한 광경이 느껴집니다.

2 ❶ こわれかけた家
   ❷ 立つはず
   ❸ 言ったにちがいない
   ❹ くりばかりでなく

3 ❷, ❹
   ① 곤은 효주의 어머니에게 매일 밤과 송이버섯을 가져 갔다.
   ② 곤 때문에 효주는 어머니에게 뱀장어를 먹게 해드릴 수가 없었다.
   ③ 이 마을에서는 가을축제 준비를 하고 있다.
   ④ 효주의 어머니의 장례식을 치렀다.

4 [보기] 의사는 환자에게 약을 먹게 했습니다.

① 着させられました
| 키무라 씨의 부인은 키무라 씨에게 빨간 셔츠를 입게 했습니다.

② 作らされました / 作らせられました
| 타나카 씨는 사토 씨에게 서류를 만들게 했습니다.

③ 来させられました
| 선생님은 학생에게 일요일인데도 학교에 오게 했습니다.

④ 食べさせられました
| 엄마가 아이에게 먹고 싶어하지 않는 당근을 먹게 했습니다.

雨の夜のるすばん

1 ① 모내기 하러 나갔을 아버지도 어머니도 돌아오지 않습니다.
② 죽을 만드는 방법은 알고 있다고 생각했습니다.
③ 이제 반찬을 만들고 있을 때가 아닙니다.
④ 어지간한 일이 아니고서는 모내기는 도중에 멈출 수는 없습니다.

2 ① × | 집 보기는 3형제가 하고 있다.
② ○ | 집 보기를 하는 아이들은 부모가 돌아오기를 기다리면서 죽을 만들었습니다.
③ × | 죽은 성공해서 엄마는 기뻐서 눈물을 흘렸습니다.
④ ○ | 이 가족은 죽을 2, 3일 계속해서 먹었습니다.

3 ① 그 책을 읽은데 시간이 걸렸습니다.
② 타나카 씨는 5분 전부터 신문을 읽기 시작했습니다.
③ 언니는 저녁 준비를 시작하고 있었습니다.
④ 새로운 일에 착수하다.

4
① きのうの宴会はとてもにぎやかだったそうです。
 | 어제 연회는 굉장히 떠들썩했다고 합니다.
② 先生の話によると、今回の英語の試験は難しいそうです。
 | 선생님의 말씀에 의하면, 이번 영어 시험은 어렵다고 합니다.
③ 昔、ここで大きな声でさけぶと山の下まで聞こえたそうです。
 | 옛날 여기에서 큰 목소리로 외치면 산 아래까지 들렸다고 합니다.
④ となりの朴さんは会社員だそうです。
 | 옆집의 박 씨는 회사원이라고 합니다.

著作者
草野心平　　春のうた 봄의 노래
立松和平　　黄色いボール 노란 공
新美南吉　　ごんぎつね 아기 여우 곤
川村たかし　雨の夜のるすばん 비오는 밤 집 보기

다락원 일한 대역문고 – 초급4
일본초등학교 4학년 국어교과서선
日本の小学校4年生の国語教科書選

지은이 草野心平, 立松和平, 新美南吉, 川村たかし
역　주 이상신, 노희진
펴낸이 정규도
펴낸곳 (주)다락원

초판 1쇄 발행 2007년 1월 5일
초판 9쇄 발행 2024년 11월 15일

책임편집 이경숙, 김윤희
외주교정 임수진
디자인 서해숙
일러스트 윈일러스트

경기도 파주시 문발로 211
Tel: (02)736-2031 Fax: (02)732-2037
　　(내용문의: 내선 460~465 / 구입문의: 내선 250~252)
출판등록 1977년 9월 16일 제406-2008-000007호

Copyright© 2007, 草野太郎, 立松和平, 川村たかし

저자 및 출판사의 허락 없이 이 책의 일부 또는 전부를 무단 복제·전재·발췌할 수 없습니다.
구입 후 철회는 회사 내규에 부합하는 경우에 가능하므로 구입문의처에 문의하시기 바랍니다.
분실·파손 등에 따른 소비자 피해에 대해서는 공정거래위원회에서 고시한 소비자 분쟁 해결
기준에 따라 보상 가능합니다. 잘못된 책은 바꿔 드립니다.

ISBN 978-89-5995-303-5 18730　978-89-5995-296-0(set)

http://www.darakwon.co.kr
다락원 홈페이지를 방문하시면 상세한 출판 정보와 함께 동영상강좌, MP3 자료 등 다양한 어학 정보를 얻으실 수 있습니다.